万家村志

LOCAL RECORDS OF WANJIA

山东省淄博市周村区王村镇万家村志编纂委员会　编

方志出版社
Publishing House of Local Records

图书在版编目（CIP）数据

万家村志 / 山东省淄博市周村区王村镇万家村志编纂委员会编 . -- 北京：方志出版社，2019.12
（中国名村志丛书）
ISBN 978-7-5144-4008-9

Ⅰ. ①万… Ⅱ. ①山… Ⅲ. ①村史—淄博 Ⅳ. ① K295.25

中国版本图书馆 CIP 数据核字（2019）第 273836 号

· 中国名村志丛书 ·

万家村志

编　　者：山东省淄博市周村区王村镇万家村志编纂委员会
责任编辑：程　倩

出 版 者：方志出版社
地址　北京市朝阳区潘家园东里 9 号（国家方志馆 4 层）
邮编　100021
网址　http：//www.fzph.org
发　　行：方志出版社图书经销中心
电话　（010）67110500
经　　销：各地新华书店
排　　版：北京纺印图文设计制作有限公司
印　　刷：北京中科印刷有限公司

开　　本：787 × 1092　　1/16
印　　张：12.75
字　　数：269 千字
版　　次：2019 年 12 月第 1 版　　2019 年 12 月第 1 次印刷

ISBN 978-7-5144-4008-9　　**定价**：102.00 元

◉ 序一

中共十九大报告明确提出："坚定文化自信，推动社会主义文化繁荣兴盛。""没有高度的文化自信，没有文化的繁荣兴盛，就没有中华民族伟大复兴。要坚持中国特色社会主义文化发展道路，激发全民族文化创新创造活力，建设社会主义文化强国。"编修地方志是中华民族千百年来的固有传统，留下了浩如烟海的历史文献，承担着传承中华文明、发掘历史智慧的重任，发挥着存史、育人、资政的作用。

在习近平新时代中国特色社会主义思想指引下，在增强文化自信、推动传统文化创造性转化、创新性发展背景下，全国地方志事业迎来了开拓创新与转型升级的重要机遇期。中国地方志指导小组及其办公室组织实施的中国名村志文化工程，用中国独有的文化载体——地方志，来记录乡村的"名"和"特"，记录乡村全面建成小康社会的进程和取得的成就，是地方志围绕以人民为中心开拓创新的具体举措，是传承乡土文化、坚定文化自信、加快建设社会主义文化强国的内在要求，是服务乡村振兴战略、加快全面建成小康社会、推进社会主义现代化建设、实现中华民族伟大复兴中国梦的应有之义。

实施中国名村志文化工程，是方志人贯彻落实习近平总书记"农村要留得住绿水青山，系得住乡愁"重要讲话精神的重要举措。"望得见山、看得见水、记得住乡愁……"习近平总书记用诗意的语言为中国的新农村建设指明了方向。开展新农村建设、美丽乡村建设，一定要把绿水青山保留下来，尽可能在原有村庄形态上改善农民生活条件，不盲目拆旧，也不盲目造新，让家乡的每一条河、每一棵树、每一口井，都能永远成为我们的乡愁。这是我们弘扬传统、面向未来的底气所在。那么，如何留住乡音、乡风、乡思，继承传统文化菁华，挖掘历史智慧，成为极其重要的工作。实施中国名村志文化工程，保护抢救、传承保存、开发利用宝贵的村落文化，重新唤起人们记忆中古老村落的青山绿水、小河大树、轶事掌故，打造完整记录乡村发展嬗变和现代化农村经济社会运行模式的系列中国名村志丛书，让乡土文化回归并为困惑的当代人提供精神家园，让农耕文化的优秀菁华成为建构农村文明的底色，无疑具有重要的现实意义和深远的历史意义。

实施中国名村志文化工程，是方志人贯彻落实党中央乡村振兴战略的鲜活实践。中共十八大以来，以习近平同志为核心的党中央高度重视农业、农村、农民工作，提出了许多新理念、新思想、新战略，特别是中共十九大报告作出实施乡村振兴战略的重大部署。2018 年 9 月 26 日，中共中央、国务院印发《乡村振兴战略规划（2018—2022 年）》，明确提出“鼓励乡村史志修编”。深入推进中国名村志文化工程，有利于全面翔实记录乡村振兴进程，客观记载地理环境、历史沿革、姓氏源流、人口、民族、方言、民居、宗祠、风俗习惯、家谱族谱、家规族规、宗教信仰、文物遗址、掌故传说、历史事件、人物等，完整保留乡土文化的原貌。所有这些工作，可以为延伸地方志工作触角，充分发挥志书存史、育人、资政功能提供借鉴；可以为社会各界和华人华侨、港澳台同胞寻根问祖、反哺桑梓、泽被乡里提供帮助。依托中国名村志文化工程的重要平台与载体，乡村振兴战略下的现代乡村将进一步挖掘自身独特内涵，彰显其新时代的作用及意义。

中国名村志文化工程从新时代中国特色社会主义的新需求出发，创新体例，立足实际，内容既严谨又通俗，展示了不同地区自然和社会风貌，在坚持志体基础上运用专题报告、回忆录、人物访谈、新闻资料等多种手法，重点介绍农村地区在转型发展方面的探索、示范、引领意义，对于不断提高地方志事业围绕中心服务大局的能力，为乡村改革发展贡献历史智慧，讲好中国故事，彰显中国软实力，增强“四个自信”等方面具有积极意义。

两年来，在借鉴中国名镇志丛书及各地乡镇（村）志宝贵编纂经验的基础上，中国名村志丛书编修不断取得丰硕成果，产生了良好的社会效益，新一批中国名村志的申报数量、覆盖范围延续强劲增长态势，充分体现出强大的内生动力。下一步，要总结经验、把握规律，为服务国家城镇化建设和乡村振兴战略打造更多优秀文明成果，推动中华优秀传统文化创造性转化和创新性发展，从中提炼出适合新时代、新形势、新变化、新要求的文化精髓，展现中国方志的当代价值和世界意义。

是为序。

中国社会科学院院长
中国地方志指导小组组长　谢伏瞻

◉ 序二

连绵不断地编修地方志是中国独有的优秀文化传统，承担着赓续文明、传承文化的重任。保存至今的8000余种、10万余卷历代方志，蕴含着传统文化基因和海量文化信息，既是中华优秀传统文化的重要组成部分，又是传承、彰显中华优秀传统文化的重要载体。

在各种类型的地方志编纂中，村志编纂古已有之，但从未进入国家层面的地方志编纂序列。新中国成立以来，党中央、国务院高度重视包括村志编纂在内的地方志工作，出台了重要文件。中央领导发表了重要讲话、作出了重要批示。习近平总书记高度重视包括村志编纂在内的地方志工作。2004年10月，他在担任浙江省委书记时到江山市凤林镇白沙村考察，看到村民编纂的《白沙村志》，鼓励村民把村志继续编纂下去。2014年4月，刘延东副总理在与第五次全国地方志工作会议部分会议代表座谈时指出："要结合发展的新形势，加强对地方志包括部门志、行业志、专题志、乡镇村志编纂的业务指导和服务。"2015年8月，国务院办公厅印发的《全国地方志事业发展规划纲要（2015—2020年）》，正式将中国名村志文化工程列为主要任务之一。2017年5月，中共中央办公厅、国务院办公厅印发的《国家"十三五"时期文化发展改革规划纲要》指出："完成省、市、县三级地方志书出版工作。开展旧志整理和部分有条件的镇志、村志编纂。"可以说，村志编纂迎来了历史上的最好时期。

农业、农村、农民"三农"问题，是数千年来影响中国社会发展最核心的问题。中共中央高度重视"三农"工作，从2004年起，连续13年，每年的中央1号文件都聚焦"三农"。中共十九大报告更是提出"农业农村农民问题是关系国计民生的根本性问题，必须始终把解决好'三农'问题作为全党工作重中之重"，特别是提出了"乡村振兴战略"，这是中国共产党在中国特色社会主义进入新时代后，对农村发展问题所做出的准确把握和与时俱进的战略应对，是建设中国特色社会主义强国战略的重要组成部分。改革开放近40年来，在党中央、国务院高度重视社会主义新农村建设的新形势下，各地涌现出一大批历史文化名村、经济强村、新农村建设示范（试点）村、美丽乡村和特色村，成为先进生产力和先进文化的代表。客观记录中国农村全面建成小康社会的进程，向后人展示在中国共产党领导下农村千年未有的巨变，是地方志工作者肩负的光荣而重大的历史使命。编纂中国名村志丛书，是记载当代中国农村发展变革的重要途径。

文化寻根，寻的是其发展的源头和根基。村落是中国传统文化的根基所在。农村的生产生活方式、社会规范、宗族文化、宗教文化、民风习俗、传统节日、民间艺术等，无不镌刻着中国人独特的民族性格，这就是家国情怀、文脉绵延、精神归属。在快速城镇化进程的冲击和开发性破坏下，大量传统村落面临消亡的危机，村落蕴含的历史文化信息也流失殆尽，抢救性保护刻不容缓。编纂中国名村志丛书，是保存村落历史文化信息，抢救、保护村落文化最好的方式。

一方水土养一方人。家乡的山水草木、村间小巷、乡俗民情会在每个人心头留下深刻的烙印，这就是故土情结。而村落的形成与发展离不开人的活动。编纂中国名村志丛书，通过记述村落建筑、名门望族来追溯村落的历史；通过记述村落规模、布局、人口、物产等反映人口来源、宗族兴衰、生活习惯、文化背景、宗教信仰、经济发展等，体现环境与人相互影响、相互作用、相互发展的既矛盾又统一的关系；通过记述戏剧、音乐、舞蹈、美术、文学、手工技艺等文化形式，展示百姓在长期的生产生活实践中摸索和总结出的智慧结晶，强化人们沟通感情的纽带。编纂中国名村志丛书，是传承乡俗、诉说乡音、记住乡愁、纾解乡思，激活历史传统、唤起共同文化记忆、塑造共同心灵认同的重要文化工程。

中国名村志文化工程以践行文化自信、传承中华文脉、彰显时代发展为己任，以打造全国地方志系统的重要品牌为目标，在体裁运用、篇目设置、资料选择等方面进行大量的创新，突出“名”和“特”，拣选各个名村中最值得记述、最具有代表性的人、事、物，予以浓墨重彩的描画，从而形成系列的、高质量的、可读性强、雅俗共赏的地方志读本，让地方志紧接地气、贴近百姓，让地方志成果进入寻常百姓家，让人民群众共享地方志成果，让越来越多的人从地方志中感知传统、历史和记忆，成为传统村落和传统文化的守护者，成为中华优秀文化的传承者。

是为序。

中国社会科学院原院长
中国地方志指导小组原组长　王伟光

◉ 序三

习近平总书记指出："让居民望得见山，看得见水，记得住乡愁。"这句富有诗意的重要论述不仅唤醒了中国人城镇化建设过程中对于人和自然关系、人和历史关系的思考，同时也引发了学界对"乡愁"进一步进行文化意义解读的兴趣。从本质上看，乡愁是一种源自主体体验的情感，隐含了一种人们带着乡愁追寻自我生存与生命意义、追寻诗意栖居的精神家园的美学思辨。同时，这种追寻自我生存的主体逐渐转向大众群体，乡愁也由传统单一的"文化乡愁""爱国情怀"演变为对于"理想家园"的精神追求。

中国有近60万个村庄，约有5000个古村落，被住房城乡建设部和国家文物局界定的传统村落就有1561个。随着中国城镇化步伐的加快，乡村的版图日渐凋敝，大批农村青壮年劳动力走进城镇，融入了新的生活。然而，每逢传统佳节，那种挥之不去的离愁别绪挟裹着亿万农民工，又融入了返乡的滚滚洪流。这是乡愁的情愫牵动着他们，是故乡的山、故乡的水、故乡的老屋、故乡的小吃在牵动着他们，是故乡家家户户的楹联和口口相传的故事，以及只有在隆重的传统佳节才有的古老的民风习俗在牵动着他们。

文化可以体现一个民族、一个国家、一个社会的重量与体温，这是文化的力量之所在，而村落是传统中国的根脉所系，乡土社会是最能够体现中国传统文化特征的地方。梁漱溟曾指出："中国文化是以乡村为本，以乡村为重，所以中国文化的根就是乡村。"我曾在《建设社会主义新农村的理论与实践》一书中指出，在新农村建设的过程中，必须"保护和发展有地方和民族特色的优秀传统文化，创新农村文化生活的载体和手段，满足农民群众多层次、多方面的精神文化需求"，而编纂村志尤其是实施中国名村志文化工程就是一个重要举措。实施中国名村志文化工程，编纂中国名村志丛书，以最基层的村落为研究对象，寻根传统村落的历史，梳理村落的发展脉络，以唤起人们的归属感和认同感，探索新型城镇化和社会主义新农村建设过程中，如何留住乡音、乡风、乡思，继承传统文化精华，挖掘丰富历史智慧，是贯彻落实中央城镇化工作会议精神和中共十九大提出的“乡村振兴战略”的重要举措，是当前和今后一个时期全国地方志工作者的重要工作。

虽然村落文化正在日益远离当下生活，但我们可以抓住诸如基本村情、文物胜迹、古村保护、特色文化、旅游名胜、村域经济、风土民情、村民生活、新农村建设、艺文杂记、名人与名村等关键内容，通过志书的手法来诠释乡村文化的精华。我们如实记录着村落里的人和事，以及青山绿水、小河大树、袅袅炊烟，力争以最完整、最原真的方式呈现村落的前世今生。我们要为“迷失”的人留住乡村文化的根脉，让人们难以割舍的乡愁得以慰藉和释放。

中国名村志文化工程将触角伸向那些极具代表性的村落，它们有的历史悠久、名人辈出，有的经济腾飞、重获新生，有的风景秀丽、景观独特，有的地处边陲、神秘莫测……我们挖掘中国不同类型村落的发展之路，为探索新型城镇化和社会主义新农村建设的发展经验、发展模式、前进道路提供历史智慧和现实借鉴。因此，打造以重在表现乡村嬗变为主旨的中国名村志丛书十分必要和迫切，这是一项功在当代、利在千秋的文化工程。

近年来，随着中国经济社会的发展和国际地位的提高，越来越多的人想要认识中国、了解中国、研究中国。在这样的形势下，乡村是不可或缺的一环，我们要集中讲好发生在乡村的故事，向世界呈现一个多元的、立体的中国。乡村历经岁月变迁的风雨，见证着改革开放的步伐，寄托着数代中国人的情感。发生在乡村的故事无疑是血肉丰满的、震撼人心的、引起共鸣的。我们应该有这个自信能够讲好乡村故事，讲好中国故事，描绘出中国的底色，“让每一个中国人都能在地方志中找到自己的位置”。

可喜的是，越来越多的有识之士认识到了这一点，加入到保护、传承、发展村落文化的队伍中来。仅就编纂中国名村志丛书来看，第一批的申报范围就涵盖包括香港特别行政区在内的 32 个地区，申报数量高达 70 余部。“直笔著信史，彰善引风气，为当代提供资政辅治之参考，为后世留下堪存堪鉴之记述”，这是我们的初心和使命。希望中国名村志文化工程的实施，能够带动更多的人关注中国乡村文化，为社会主义文化强国建设作出更大的贡献。也希望越来越多的名村都来融入继承中华文化传统、颂扬中华传统文化的活动中，让正能量更多地润泽温暖人们的心灵，让更多的人“记得住乡愁”！

是为序。

中国社会科学院原副院长
中国地方志指导小组原常务副组长

◉ 中国名村志文化工程专家委员会

名誉主任　徐匡迪

主　　任　谢伏瞻

常务副主任　高　翔

委　　员（按姓氏笔画排序）

毛其智　叶裕民　李　铁　李善同

杨保军　柳　拯　倪鹏飞　魏后凯

◉ 中国名村志文化工程学术委员会

主　　任　高　翔

常务副主任　冀祥德

副 主 任　邱新立

委　　员（按姓氏笔画排序）

于伟平　王　晖　王铁鹏　巴兆祥

田　嘉　苏炎灶　李　江　李孝聪

张大伟　张英聘　陈泽泓　陈　强

黄晓勇

◉ 山东省淄博市周村区王村镇万家村志编纂委员会

主　　任　毕伶德

副 主 任　毕于琦

委　　员　邵振兰

◉ 山东省淄博市周村区王村镇万家村志编纂人员

主　　审　许艳萍　仇　勃

特邀编审　徐　杰　郭延志

主　　编　毕坤德

编　　辑　毕于琦　毕德祥　毕耜宝　毕敬德

　　　　　毕于润　毕德会

编　　务　毕红叶

图片摄影　毕于琦　王荣亨　李景花

万家村全景（2017 年）　　毕于琦　摄

◉ 中国名村志丛书凡例

一、以马克思列宁主义、毛泽东思想、邓小平理论、“三个代表”重要思想、科学发展观、习近平新时代中国特色社会主义思想为指导，坚持辩证唯物主义和历史唯物主义的立场、观点和方法，存真求实，全面、客观、系统记述中国名村村落发展变化进程和改革开放成果，传承和抢救乡土历史文化，激发爱国爱乡情怀，留住乡愁，为探索中国特色新型城镇化建设、服务乡村振兴战略提供历史智慧和现实借鉴。

二、为全面反映入志事物发展脉络，各志上限尽量追溯至事物发端，下限一般断至各村志启动编修年份，个别重大事项可延至搁笔。详今明古，着重反映时代特色和地方特点，重点体现各村的“名”与“特”。

三、记述地域范围以下限年份的行政辖区为主。为体现名村在更大区域内的意义，可以从更开阔的区域视野记述与该村相关的内容。

四、统一采用纲目体，设类目、分目、条目三个层次。横排门类，纵述史实，述而不论。

五、综合运用述、记、志、传、图、表、录等各种体裁，以志体为主。体裁运用适当创新，篇目设置不求面面俱到，一般意义上的村级内容略去不载。

六、除引用文字和附录文献资料外，统一使用规范的现代语体文记述，行文力求朴实、严谨、简洁、流畅、优美，具有较强可读性。

七、人物部类遵循“生不立传”原则，人物传主按生年排序，只选录对本村发展有重大影响的人物，不面面俱到。

八、各项数据一般采用国家统计部门数据。数据缺乏的，采用主管部门或主办单位正式提供的数据。

九、数字用法、标点符号、计量单位分别执行国家标准《出版物上数字用法》

（GB/T 15835—2011）、《标点符号用法》（GB/T 15834—2011）、《国际单位制及其应用》（GB 3100—1993）和《有关量、单位、符号的一般原则》（GB 3101—1993）。历史上使用的计量单位，如斗、石、里、尺、磅、华氏度等，在引文时可照录。考虑到社会使用习惯，全书中亩不统一换算。

十、中华民国成立前的纪年，使用朝代年号纪年，括注公元年份；中华民国成立后的纪年，均使用公元纪年。志中所称“解放前（后）”，以该村解放日为界；“新中国成立前（后）”，以中华人民共和国成立日 1949 年 10 月 1 日为界；“改革开放前（后）”，以 1978 年 12 月中共十一届三中全会召开为界。本志“×× 年代”，凡未加世纪者，均指 20 世纪。

十一、为节省篇幅，避免重复，本志采用条目互见法。参见条目的表示形式为：参见本志“×× 类目 · ×× 分目 · ×× 条目”。

十二、对旧志、古籍中的繁体字、冷僻字一般用简化字或通用字替换，易引起误解的则保留。

十三、记述各个历史时期的党派、机构、职务、地名等，均以当时的名称为准。对频繁使用的名称，首次用全称并括注简称，其后用简称。

十四、各村志需要单独说明的事项，均在各自编纂始末中记述。

万家村在中国的位置

周村区
万家村
北京
天津
石家庄
太原
济南
郑州
西安
乌鲁木齐
呼和浩特
银川
西宁
兰州
拉萨
成都
重庆
武汉
合肥
南京
上海
杭州
南昌
长沙
福州
台北
贵阳
昆明
南宁
广州
香港
澳门
海口
哈尔滨
长春
沈阳
黑龙江省
吉林省
辽宁省
内蒙古自治区
河北省
北京市
天津市
山西省
山东省
河南省
江苏省
安徽省
上海市
浙江省
江西省
福建省
台湾省
湖北省
湖南省
广东省
广西壮族自治区
海南省
香港
澳门
重庆市
四川省
贵州省
云南省
西藏自治区
新疆维吾尔自治区
青海省
甘肃省
宁夏回族自治区
陕西省
渤海
黄海
东海
南海
黄河
长江
钓鱼岛
赤尾屿
台湾岛
东沙群岛
海南岛
西沙群岛
永兴岛
中沙群岛
黄岩岛
南沙群岛
曾母暗沙
图例
北京 首都
天津 省级行政中心
未定 国界
省、自治区、直辖市界
特别行政区界
名村所在县级区域
名村
1∶32 000 000
审图号：GS（2019）4178 号

万家村在山东省的位置

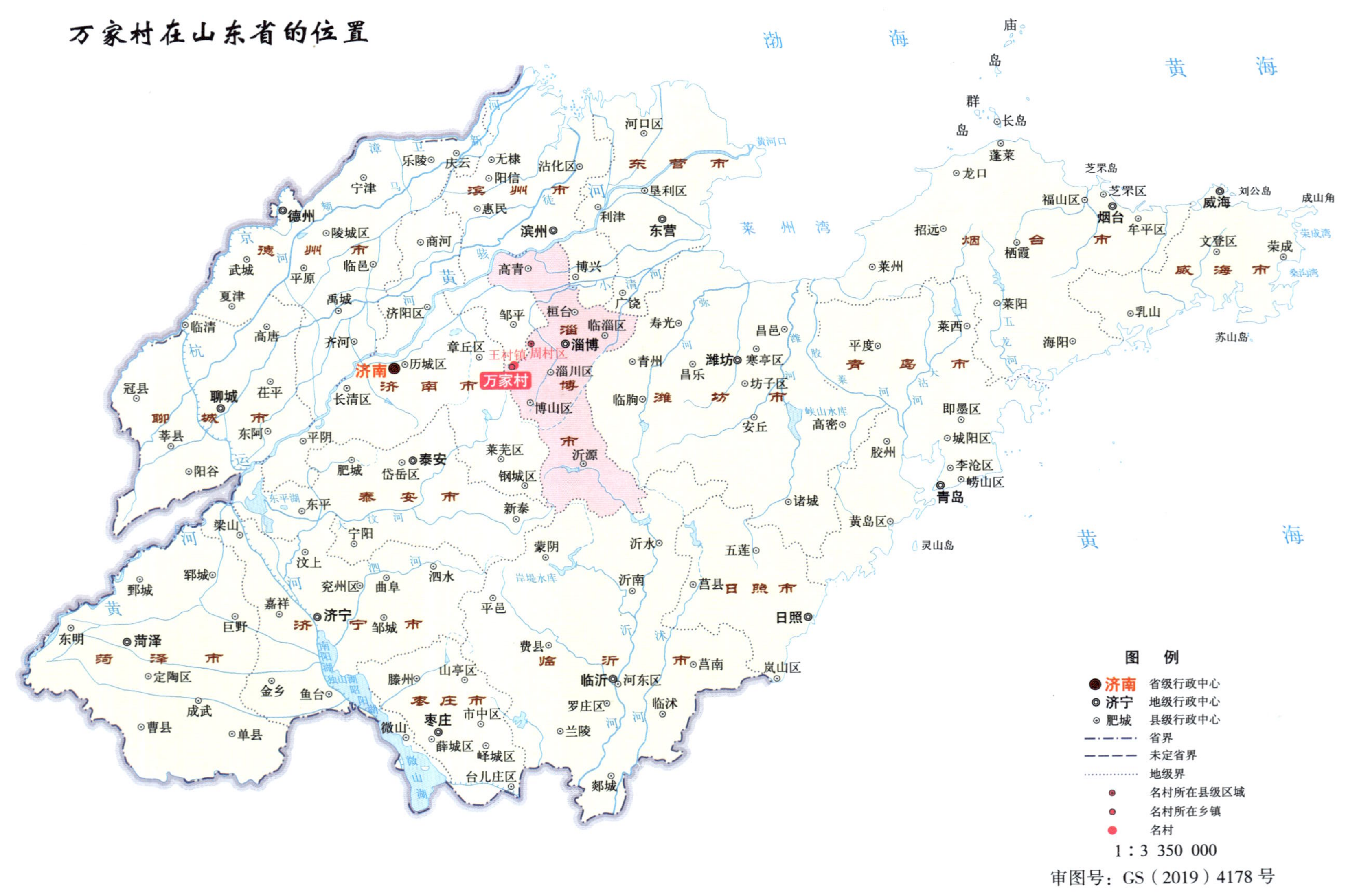

万家村平面示意图

邹平市临池镇
黄埠村
栗家村
郑家村
农业种植区
万
安
溪
毕自严墓
市保单位
胶济铁路
王耐工人俱乐部
市保单位
王耐生活区
核心保护区
村庄建设区
山耐第二分公司
万家明清建筑群
省保单位
万家明清墓群
省保单位
102省道
东铺村
王村中学
王村村
西铺村
村庄建设区
核心保护区
山耐第二分公司
王耐生活区
农业种植区
王村中学
水系
铁路
公路
边界线

万家村全景俯瞰（2017 年）

毕于琦　摄

毕忠臣谕葬墓北门楼（2013 年）　　王荣亨　摄

万家村清代住宅大门

王荣亨　摄

毕忠臣谕葬墓望柱、石像生（2012年）

王荣亨　摄

万安溪河道景观（2017 年）　　王荣亨　摄

万安府西顺街胡同　　王荣亨　摄

憩园广场太湖石（2006 年）　　李景花　摄

万家村中心街影壁墙（2016 年）　　王荣亨　摄

目录

立德树人万家村

万家村隶属中国历史文化名镇淄博市王村镇，是中国传统村落、山东省历史文化名村。万家村历史悠久，文物古迹丰富，文化底蕴深厚，明、清时期走出两位尚书和数十名官员。中央电视台《记住乡愁》大型纪录片《立德树人万家村》播出后，万家村的古朴典雅风貌和崇德向善风采引起世人瞩目。

万家村位于山东省中部，隶属中国历史文化名镇——淄博市周村区王村镇。东距淄博市政府驻地张店 29 千米，距周村区政府驻地 17 千米；西与王村接壤，离王村镇政府驻所 0.5 千米，距济南市 63 千米；南与王村镇西铺村相邻；北与滨州市邹平县临池镇毗连。地理坐标为北纬 36° 41′ 01″，东经 117° 43′ 46″；海拔 176 米。村域总面积 100 公顷，其中耕地面积 56.8 公顷，村落面积 27.35 公顷。至 2017 年年底，全村有居民 331 户，901 人。

万家村坐落于白云山之阳，豹山之阴，万安溪绕村潺潺流过。地势北高南低，西高东低，主要地质构造为中生界侏罗系所在区域，系丘陵与平原的接合部。土地地貌类型为山地丘陵，被新生代第四系地层覆盖。气候属温带大陆性季风气候，干湿季节明显，春季干燥多风，夏季炎热多雨，秋季温湿适宜，冬季寒冷少雪。年平均气温 13.1℃，年平均降水量 646 毫米，年平均日照 2548 小时。

万家村历史悠久，始建于明成化六年（1470），当时是吏部尚书万安的府第家园。明弘治元年（1488），万安因结党营私获罪，株连九族，万姓泯迹。明嘉靖中期，淄西毕氏六世毕忠臣出资买下被官府没收的庄园宅田，在此兴家立业，繁衍生息，成为毕氏望族发祥地。

毕忠臣讲仁爱，崇正义，道德高尚，乐善好施。明万历年间（1573—1620），淄川县府为治理县政、劝民行善而立的旌善亭上，毕忠臣列为第一人。毕忠臣置业万家村后，以德立业，耕读传家，把教诲子弟放在重要位置，不但以身示教，潜移默化，而且建起家塾“白业堂”，延师教子，读经明伦。7 个儿子中有 5 个当了省祭官，1 个为冠带儒官，1 个为冠带武官。

七世毕木，满腹经纶，专心教子。扩建白业堂，聘名师二人教授 8 个儿子，既教经史、策对，让其明理，又教艺文书画，让其增长才干，使 8 个儿子皆成道德高尚、学识渊博之才。此后 500 年间，毕氏家族“十七世诗礼门第，五百年孝友家风”，族中科甲蝉联、授官入仕者众多。清代，十六世毕道远中进士，官至礼部尚书兼兵部尚书，延续万家村毕氏望族辉煌。

万家村文物古迹丰富。明清时期，两位尚书和数十名朝廷命官及其家人，建家园、盖府第、立祠堂、设苑圃、修庙庵、立祖墓，留下了万安府、万安银库、万安桥、堡子城、白业堂、八支家祠、菩提庵、老家庙、3 处谕葬墓、若干四合院等精美建筑，还有憩园、投豆亭、拱玉园等园林亭榭和许多古井、古碑、古树等文物古迹，形成了典型的

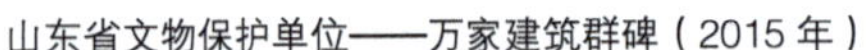
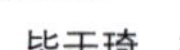
山东省文物保护单位——万家建筑群碑（2015 年）　　毕于琦　摄

山东省“乡村记忆”工程文化遗产单位——万家村碑（2015 年）
毕于琦　摄

明清古建筑传统村落。

万家村文化底蕴深厚，既有厚重的官邸文化，又有独特的民俗文化。历代贤达才俊、文人墨客留下许多诗词楹联、碑记铭文和书籍文稿。收录于《四库全书》的《石隐园藏稿》、经世流传的《拱玉园集》、文采飞扬的《东河集》都是经典之作。受历代先人教育、培养和熏陶，万家村积淀了丰富的民俗文化，形成诸多节日、婚嫁、生育、寿诞、乔迁、丧葬习俗和日常禁忌，世代相传，独具特色。

桃李不言，下自成蹊。万家村毕氏家族笃学、尚德的家风，勤政、廉洁的德名，名播乡里，誉满齐鲁。明崇祯年间（1628—1644），万家村属淄川县管辖，在县府驻地淄川城里最醒目的大街上，有两座高大雄伟的青石牌坊：一名“三士同升”，旌表万家村毕氏八世毕自严、毕自肃、毕自寅三兄弟高中科甲，入仕为官后不断擢升；一名“四世一品”，旌表一品大员毕自严功高位显，殁后，皇帝追封其父亲、祖父、曾祖父也为“一品”，颁圣旨拨库银，给予谕葬。明清时期，淄川一带流传着一首民谣，“淄西毕家，大长指甲，锦袍马褂，呼呼啦啦”。旧时，文人雅士才留“大长指甲”，儒官大贤才穿“锦袍马褂”，由此足见毕家的绅士气派和显赫地位。

时移世变，天有不测。万家村古建筑、古墓葬、古庙宇、古园林历经几百年风雨，大多遭到毁灭性破坏，万安府、堡子城、白业堂、投豆亭，风吹雨淋自然坍塌，只留下墙基；3 处谕葬墓中生长几百年的古松古杨被砍伐；憩园、拱玉园划给村民作宅基地，园中胜境渺无痕迹；菩提庵、老家庙遭人遗弃，断壁残垣，一片狼藉。“文化大革命”初期，村中古宅、古墙，村外古墓、古碑成为破“四旧”重点。建筑上凡带古意的雕塑、装饰均被砸掉，3 处谕葬墓中的牌坊、望柱、碑亭、石像生被砸得七零八落。因万安银库墙厚门重，未被破坏，是村中唯一完整保存的明代建构；解放后八支家祠办小学，之后作村委办公室，幸免于难，是村中唯一保存完好的清代厅堂。

中共十一届三中全会以后，人们意识到古宅、古物的重要历史价值，开始自觉修缮四合院，保护遗存遗址。2003 年后，万家村村民委员会把挖掘、研究毕氏文化，抢救、保护明清古建筑和遗址遗迹，列入重要议事日程，加大资金投入，实施保护工程。十几年间，先后投资 900 多万元，按照“修旧如旧”原则，复原菩提庵、毕忠臣谕葬墓；重修憩园、玉清茔；整修毕氏家祠，将其辟为毕道远纪念馆；扩建老家庙、白业堂，落成乡村记忆博物馆；仿立古牌坊、建万兴桥；整治万安溪、玉清湖；古化美化街衢民巷。万安府、堡子城等重要建筑也被列入重修规划。万家村明清古村风貌得以恢复，诸多重要文化遗产重焕异彩，以古村落、古墓葬为特征的旅游格局基本形成，各种旅游服务设施完备，处处典雅幽静，古色古香。

在保护古村的同时，万家村积极进行新农村建设，聘请专家制定整体发展规划，不断加强村民新型生活设施建设，村民饮水、用电、电信、燃气、环卫等设施完备，方便快捷。1999 年，万家村对村前路、中心街、集贸市场进行硬化，面积 7000 平方米。2000 年，万家村对村后街、村前街东段进行硬化，面积 6000 平方米。2001 年，万家村对村内巷道进行全面硬化，面积 1 万平方米；对村内主街进行绿化、安装路灯，实现了村庄的美化、亮化。

2004 年，万家村在村南省道 102 北侧建 2 栋 2 层商住楼，建筑面积 1506 平方米。2005 年，万家村在村北建 2 层办公楼，建筑面积 780 平方米。2006 年，万家村在村北建 4 层居民楼，建筑面积 5760 平方米，入住居民 48 户。

2006—2008 年，万家村在村北建憩园广场，面积为 1.1 万平方米。广场内设健身器材，新建古戏台、化妆室、太湖石、假山、拱玉桥、荷花池、花架长廊、投豆亭，并展出万安尚书府的上马石。

万家村在村北建设玉清湖，1998 年筑坝、砌墙，完成一期工程。2007 年，建 1.8 万立方米蓄水池，完成二期工程。2012 年，建 6240 立方米蓄水池，完成三期工程。总蓄水量 2.4 万立方米，扩大灌溉面积 13.3 公顷。

2017 年，万家村进行厕所改造，将村民家中旱厕改成密闭水冲式便盆厕所。是年，又清除燃煤灶，接通煤气管道，改用煤气做饭和供暖，结束了几百年来燃煤、烧柴的历史，减少了空气污染。

如今的万家村，村西、村南是明清古建筑核心保护区，青砖灰瓦，一派古色；村东、村北是现代新型居民区，墙白瓦红，一派新潮。古宅与新居映衬，旧韵新风媲美，格外壮观。

20 世纪 30 年代以后，日军入侵，战乱频仍，天灾人祸，万家村日渐衰落，村民陷入艰难困苦之中。其时，村中耕地均为旱田，土地瘠薄，人们靠天吃饭，粮食作物产量很低。虽然多家垦荒种桑，养蚕卖茧，换来少许收入，但仍难得温饱，村中不少人逃往东北、天津等地，维持生计。新中国成立以后，在中国共产党领导下，万家村组织互助组、合作社、人民公社，改良土壤，打井修渠，推广良种，防治虫害，科学种田，粮食作物产量不断提高，人民生活逐步改善，初步解决了温饱问题。2002 年，万家村在村北高坡上打出 4 眼 200 米深的机井，使旱地变成水浇田，粮食年年丰收，夏秋两季亩产合

憩园广场内人工湖（2016 年） 李景花 摄

计达到 1000 千克，村民安居乐业，丰衣足食。

万家村村域地下为红页岩与黄砂岩接合部，无可开发利用矿产资源。新中国成立前后，村民只靠几亩薄地“土里刨食”，无副业无企业，只有少数木匠、铁匠、出豆腐、做粉条等手艺，或靠力气挣钱，或“水里取财”，收入微薄。1958 年，山东王村耐火材料厂在万家村东域建立，村与厂一路相隔。数十年间，发展成为全国耐火材料生产中心，属地王村镇逐渐发展为以耐水材料产业为龙头产业的明星镇。早在 20 世纪 60 年代，万家村就与山东王村耐火材料厂协作，承揽产品包装、选料和运输任务，增加集体和村民收入。改革开放后，村民涌进市场经济大潮，民营耐火材料厂由 1 家发展到 5 家。依托国有企业和村镇企业而兴的运输、建筑、机械加工、集装箱包装以及餐饮服务等小企业、小商业应运而生，既为社会提供服务，也为自己增加收入。2017 年，村中民营企业合计总产值 18500 万元，实现利税 1350 万元。

村兴家家乐，民和处处春。万家村经济发展，村民富裕，带动各项社会事业健康发展。村民受教育程度不断提高。自 20 世纪 90 年代初普及九年义务教育以来，村中无适龄儿童辍学，每年有 20 余名学生考上大学，还走出 6 名硕士和博士。村卫生室医疗设备不断增加，村医经过进修培训，医术提高，村民患小病在村中及时治疗。自 2014 年起，村民积极参加医疗保险，参保率保持 100%。村中文化设施健全，文体器材众多，村民文娱和体育活动踊跃。村委会建立健全社会保障制度，对老年人医保和养老给予补助，对 7 户贫困户给予救助，并助其脱贫。村里治保会、红白理事会、调解委员会等组织完善，民主决策、村务公开、村规民约等制度健全。村民家中大事有人帮扶，便捷俭省；对村中大事有知情权、话语权、参与权。村民生活富裕、精神愉快，讲仁爱，重民本，崇正义，尚和谐。

事业随春长，风光逐日新。万家村古村保护成绩卓越，新村建设业绩突出，先后被评为淄博市文明村、山东省文物保护单位、山东省历史文化名村、中国传统村落。

2015 年 1 月 18 日，中央电视台录制的《记住乡愁》大型纪录片《立德树人万家村》在国际频道播映之后，各家省、市电视台多次转播。在万家村传承了 500 余年的立德树人理念，万家村人以“德行”作为立身之本，见善思齐、助人为乐的精神，伴随万家村中国传统村落、山东省历史文化名村的古朴典雅风貌和崇德向善风采引起世人瞩目。

万家乡村记忆博物馆影壁墙（2017 年）　　毕于琦　摄

基本村情

万家村位于泰岱副岳白云山南麓，万安溪北岸，地处济南、淄博、滨州三市交会处。村域北高南低，西高东低，属丘陵平缓地带，土厚溪清，宜居宜稼。村域气候属暖温带大陆性季风气候，四季分明，雨热同期，宜于多种植被和农作物生长。万家村是第四批中国传统村落，省级历史文化名村。

◉ 建置沿革

村名由来 明成化六年（1470），首辅大臣万安在此建庄园，命名万安庄。万安因结党营私犯抄，万姓泯迹。明嘉靖中期，毕忠臣由西铺庄迁此，易名万庄，后更名为万家庄。

隶属变迁 万家村历史悠久，宋属淄州淄川郡管辖。明嘉靖年间（1522—1566），属淄川县忠信乡。清乾隆八年（1743），属淄川县正西乡。

1946 年春，万家村属淄川县冲山区。自 1953 年起，先后隶属淄川县杨寨区双铺乡、淄川县第六区双铺乡。

1955 年，成立初级农业生产合作社。1956 年，成立高级农业生产合作社，万家村与黄埠村合称黄埠大队。1958 年公社化后，为王村人民公社万家大队。1970 年，王村人民公社由淄川区划归周村区，万家大队隶属周村区王村人民公社。1982 年，隶属周村区王村镇，至 2017 年未变。

◉ 区位交通

区位 万家村地处山东省中部，隶属山东省淄博市周村区王村镇。距淄博市政府驻地张店 29 千米，距周村区政府驻地 17 千米，距王村镇政府驻地 0.5 千米。地理坐标为北纬 36° 41′ 01″，东经 117° 43′ 46″，海拔 176 米。村域总面积 100 公顷，其中耕地面积 56.8 公顷。万家村村域北邻滨州市邹平县，胶济铁路从村北穿过，省道 102 从村南穿过，交通便利。

交通 万家南邻省道 102，从山东省政府驻地济南到万家村，乘坐济南到淄博的长途公交车行程为 63 千米；从淄博市政府驻地张店到万家村，乘坐张店到章丘的公交车走省道 102 行程为 29 千米；从周村区政府驻地到万家村，乘坐 10 路公交车走省道 102，行程为 17 千米。

豹山上的豹岩观（2017 年） 毕于琦 摄

◉ 自然地理

地质地貌

万家村主要地质构造为中生界侏罗系所在区域，系丘陵与平原结合区，地貌类型为山地丘陵，为新生代第四系地层覆盖。万家村所在区域，北有泰山副岳白云山、卧牛山；南面豹山、西临青龙山。东有焕山，村域总体为西高东低、北高南低，民居建筑用地集中在村域南部，耕地在北部。流经卧牛山的白泥河与村西河在西南交汇流入万安溪，形成群山环抱、溪水环绕的独特宜居地。

白云山 位于万家村域以北 5 千米处。白云山是长白山脉群山主峰，海拔 729 米，山势峻峭，下临深涧，山石类似泰山石，俗称“小泰山”。白云山与石门山等较大山峰构成白云山群，总面积约 50 平方千米。传说泰山之碧霞元君（俗称“泰安奶奶”）曾居于此，因碧霞元君又称“白云仙姑”，故名白云山。

卧牛山 位于村北 1 千米处，高岗起伏，山之阳一片旷野；东临玉清泉，西依白泥河，溪水如带、紫气氤氲，淄西毕氏七世毕木谕葬墓位于此山之阳。

豹山 位于村域南 4 千米处，海拔 351.8 米，面积 15 平方千米。据清乾隆八年（1743）《淄川县志》卷一《山川》载：“豹山，县西五十里。山巅建立宫观，各依巨石，上筑高台，梁柱阑楣皆石，拾级而上，大似浮槎。绝巅两石相对，一径中通，呼曰‘天门’。从松柏杂树中遥望南山，缥缈若蓬莱三岛。”

气候物候

气候　万家村所在区域属温带大陆性季风气候，受大陆低气压和蒙古高气压交替影响，干湿季节明显，春季气温回升快，少雨，多风干燥；夏季炎热多雨，雨热同季，对农业生产较为有利；冬季寒冷少雪，盛行偏北风。2003—2017 年，年平均气温 13.1℃，年平均降水量 646 毫米，年平均日照时数 2548 小时，全年主导风向为西南风。

物候　村民依据季节天气变化规律，观察四季更替过程中的各种自然现象与动植物生长发育特征之间的关系，并参照一些物候谚语，指导生产和生活。

大雁清明时节过境北飞，秋分时节过境南去，有“雁上南，衣裳棉；雁上北，衣裳拆”“南方吃雁，北方吃蛋，中间只能伸着脖子看”“八月十五雁开门”之说。

青蛙一般春分出蛰，谷雨开始鸣叫，有“青蛙打呱呱，四十五天吃巴巴”（巴巴指麦煎饼）之说，秋后绝唱并蛰伏。

燕子一般于“寒食节”初见，有“一百五（立冬以后 150 天），燕子来到济南府”和“燕剪杨柳”之说，寒露后相继南去。

蟋蟀一般在立秋之际鸣叫。人们根据其颇有节奏的鸣叫声编成童谣，“拆拆洗洗，姐姐缝缝……”蟋蟀鸣叫说明天气凉了，人们需要拆洗缝补棉衣，以备过冬。

蛇惊蛰出洞，霜降冬眠。

蝙蝠清明出蛰，霜降入蛰。

蝉类未脱皮前为幼虫，俗称“老哨猴”。脱皮后为成虫，俗称“知了”“老哨”。小暑初鸣，秋分终鸣。

布谷鸟小满始鸣，俗称“光棍夺锄”。其意是布谷鸟始叫，正是锄好春苗准备麦收的时节。

小麦秋分播种，雨水返青，清明拔节，立夏抽穗扬花，芒种成熟。

玉米小满套种或芒种直播，大暑拔节，白露成熟收获。

桃树清明开花，芒种至处暑果实成熟，霜降落叶。

枣树谷雨发芽，立夏开花，寒露果实成熟，霜降落叶。

柳树雨水发芽，春分开花，谷雨种子成熟，霜降落叶。

杏树惊蛰开花，芒种果实成熟，霜降落叶。

土壤　根据 1979 年全国第二次土壤普查数据，村域内土壤有褐土、棕土、潮土、

万家村北万方蓄水池（2017 年）　　王荣亨　摄

砂姜黑土、盐碱土 5 个土类，其中棕土是村域内面积最大的土类，共 41 公顷，主要分布在村北、村东。

水文　白泥河位于万家村东，据清乾隆八年（1743）《淄川县志》载：“白泥河，源出长白之阳，南流为‘响水湾’。上有巨石平铺，周可百步，水悬泻而下，澎湃有声。又南，万安溪、泌水泉汇之，土人呼为‘三岔河’。东南流经钟阳、七河，过冶头东北

万安溪南段（2017 年）　　李景花　摄

万安溪西段（2017 年）　　李景花　摄

汇入泷水，入萌水。”

青嶂泉位于卧牛山东侧，长白山南，“一片独石，方广亩余，有泉出焉，流为巨溪，溅成瀑响，声闻数里”。

万安溪位于万家村西、村南，村域内流长 1 千米。起源于卧牛山之阳，经邹平县双青、郑家，万家村西、村南，汇入白泥河，流经钟阳、七河入萌水。

自然灾害　自清初至 1964 年，万家村先后发生 5 次较大的自然灾害。清康熙十四年（1675）农历四月十八，降霜，万家村民小麦大部冻死，每亩收成 3 升（9 千克）。1940 年 7 月，蝗虫遮天蔽日，由北向南进入万家庄地域蚕食庄稼，秋粮收成大减。1943 年春，久旱不雨，农历六月二十降雨，八月十七霜冻，玉米颗粒无收。1950 年春，蝗虫成灾，淄川县政府紧急召开各村负责人会议，组织村民灭蝗，是年农作物产量锐减。1964 年秋，阴雨连绵，40 天内降雨 28 次，其中中到大雨 11 次，暴雨 3 次。农户和集体饲养处房屋坍塌 26 间，村南万安溪岸边树木被洪水卷走 40 余株。耕地面积 70% 耕作后播种小麦，30% 的耕地因地表积水，寒露后，未经耕作即行播种。

自然资源

土地资源　村域总面积 100 公顷，其中村庄占地面积 27 公顷，耕地面积 56.8 公顷，林地 10 公顷，水域、河滩 6.2 公顷。

水资源　主要是地表水和地下水，分布在塘坝、蓄水池、机井等地。地表水主要来自大气降水，年平均降水量 646 毫米；地下水主要来自机井，井深 200 ～ 300 米。

动物资源　养殖类有牛、马、羊、猪、鸡、鸭、鹅、鸽子、兔子等。野生动物有野兔、刺猬、黄鼠狼、獾、狐狸、蛇、野鸡等。水生动物有鱼、虾、蟹、螺、鳖、泥鳅、黄鳝等。

植物资源　粮食作物有小麦、玉米、大豆、红薯（地瓜）等。蔬菜有白菜、菠菜、芹菜、莴苣、芸豆等。经济作物有花生、棉花、芝麻等。野生药材有益母草、茵陈、白蒿、马齿苋、蒲公英、菊花、艾蒿、薄荷、灰菜、车前子等，主要分布于村域河道旁和路边土地上。农田林网有侧柏、毛白杨、小叶杨、刺槐、榆树、国槐、柳树、臭椿、香椿、楸树等。果树有苹果、梨、桃、杏、柿子、枣、葡萄、樱桃等。灌木草丛植被主要分布于村域荒坡、河渠沟旁，有荆蒿、酸枣、火炬、构树等。水生植物主要有芦苇、蒲草、莲藕、浮萍等。

矿产资源　村域内无可开发利用的矿产资源，有少量烧制砖瓦用的黏土，因土层薄不具开发价值。村庄居住区地下为几百米厚的红页岩，村北为红页岩与黄砂岩接合部。

◉人口　姓氏

人口总量　明洪武初年，淄西毕氏始祖毕敬贤从益都颜神（今博山区）石塘坞迁居崔家庄（今西铺村）。明嘉靖年间（1522—1566），淄西毕氏六世毕忠臣从西铺迁居万家庄，之后又有他姓迁入，万家庄人口逐渐增加。1948 年解放后，社会逐步安定，外出人员陆续返乡，人口逐年上升。至 1958 年，万家村有 82 户，341 人，其中男性 153 人，女性 188 人。1969 年，全村有 180 户，811 人。1975 年，全村有 204 户，928 人。至 2017 年，全村有 331 户，901 人，其中男性 438 人，女性 463 人。

人口构成

性别构成　1958 年，全村有男性 153 人，女性 188 人。2017 年有男性 438 人，女性 463 人。

年龄构成　新中国成立前，由于贫穷落后，医疗条件差，人口高出生率、高死亡率现象普遍。人的平均寿命只有五十几岁，“路上行人七十稀”，极少有人活过八十岁。新中国成立后，生活、医疗条件改善，平均寿命大幅度提高。改革开放后，随着医疗技术进步，村民保健、养生意识增强，村里长寿老人明显增多。2005 年，65 岁以上 74 人，占全村人口的 8.2%。截至 2017 年 12 月底，65 岁以上 72 人，其中男性 29 人，女性 43 人。70 岁以上 62 人，其中男性 25 人，女性 37 人。80 岁以上 15 人，其中男性 2 人，女性 13 人。90 岁以上 5 人，其中男性 1 人，女性 4 人。

2017 年万家村人口情况一览表

表 1

组别	户数（户）	人数（人）	男（人）	女（人）
第一村民小组	89	249	125	124
第二村民小组	80	205	109	96
第三村民小组	94	268	124	144
第四村民小组	68	179	80	99
总计	331	901	438	463

15 位 80 周岁以上老人的共同特点是性情温和，心胸开阔，乐观少忧，饮食起居有规律，少鱼肉，偏素食，坚持活动、适当锻炼，不吸烟，有的常年坚持适量饮酒。他们当中绝大多数能生活自理，有的还坚持力所能及的劳动。

文化构成 新中国成立前，绝大多数村民文化水平低，文盲占全村人口60%以上，尤其妇女几乎没有识字者。新中国成立后，地方政府开展扫盲工作，大部分村民能识农用字。20世纪80年代，推行九年义务教育，适龄儿童都能读完初中。据2000年全国第五次人口普查统计，全村适龄儿童受教育率达99%以上。老年人中，文盲半文盲均是新中国成立前出生的人群，小学、初中学历的多是20世纪50年代出生的人群。高中以上学历多是60年代出生的人群。

明清两朝500余年间，万家村毕氏十二代受封，八世一品，四世二品；庠生、廪生多人。新中国成立前，村有师范学校毕业生2人。1978—2016年，全村有大学生120人，硕士和博士6人。

职业构成 新中国成立前，万家村村民多数以种地为生，少数在外地从事手工业。改革开放之前，实行计划经济，村民除种地不准经营其他。中共十一届三中全会以后，土地实行家庭联产承包责任制，村民农忙时种地，农闲时有经营别业的自由。2014年，万家村185户村民流转承包地经营权，参与到务工、经商大潮中。

姓氏 明成化六年（1470）后，万姓在此居住。明弘治元年（1488），万安因结党营私获罪犯抄，株连九族。万姓泯迹后，淄西毕氏六世毕忠臣由西铺迁至定居。清嘉庆年间（1796—1820），陆续有路、刘等姓氏迁至定居。至2017年年底，全村有12个姓氏，其中毕姓739人，路姓56人，孙姓22人，孟姓20人，王姓17人，刘姓14人，谭姓9人，李姓7人，黄姓7人，高姓4人，郑姓4人，苏姓2人。

经济发展

农业 立村后，万家村农业主要种植玉米、小麦、谷子、红薯、大豆、绿豆、芝麻等作物。家庭养殖主要有牛、驴、猪、羊、狗、鸡、鸭、鹅等家畜家禽。抗日战争时期，万家村处于伪政权管辖区，由于日军征夫、抓丁，伪军催款，兵荒马乱，民无宁日。当时除县、区、乡各级伪政权外，还有日军护路队、伪警察和依附日军的杂牌部队争相搜刮民财，甚至一日三次逼粮催款。当时粮食产量低，村民刚打完场，粮食未到家，便被强征，90%以上村民用秕糠、野菜充饥。解放前，万家村种植高粱、谷子、小麦、玉米、大豆等农作物，即使正常年景产量也很低，亩产30～90千克不等，大部分农户过着半年糠菜半年粮的日子。

1948 年 3 月淄川县解放，共产党建立人民民主政权，社会稳定，生产恢复，万家村民生活逐步达到自给自足。1955—1958 年，成立初级社、高级社、人民公社，广大社员兴修水利，深翻土地。随着农业生产合作化，农机具随之更新，七寸步犁、黄县耧、三腿耧代替了过去笨重的旧农具。1961 年冬，万家村通电，利用山东王村耐火材料厂通往火车站的小铁路电线杆，由生产队接线（一线一地）至村内办公室，附近住户自行接线照明。1964 年，由生产队筹备办电，从王村耐火材料厂接电源，成为照明、动力兼用线路。

1965 年后，村里打大井、修水渠，整田改土，提高了粮食产量。1976 年，为适应生产需要，村里先后购置扬场机、脱粒机、电机水泵、拖拉机、播种机等农机具，从耕种到收割机械化程度达到 60%。

万家村地处白云山前丘陵地带，水源缺乏，河沟常年干涸，五年即有三旱。1978 年，吃尽干旱苦头的干部、群众经过讨论酝酿，决定在村北修建 1 座万方蓄水池。在淄博市、周村区、王村公社水利部门的指导配合下，蓄水池于 1978 年年初动工。党支部书记毕振德带领男女老少齐上阵，经过 2 个冬春艰苦奋战，挖掘搬运土石 2 万立方米，投资 8 万元，建成直径 70 米、深 5 米、蓄水 1.6 万立方米的蓄水池。自流灌溉良田 150 亩地，改善了万家村的农业生产条件。

中共十一届三中全会后，实行家庭联产承包责任制，调动了村民的农业生产积极性，粮食产量逐步提高。2002 年，万家村在村北高坡上打出 4 眼 200 米深的机井，使旱地变成水浇田。此后，粮食连年丰收，夏秋两季亩产合计均在 1000 千克，村民安居乐业，丰衣足食。

工业 新中国成立前，村内手工业有木匠、铁匠、瓦匠、锡匠、锯匠、纺线织布、刷匠等。1962 年，万家大队建立烘炉，有 5 名生产工人，手工打制小型农具。1965 年后，在农、林、牧、副、渔全面发展的政策指导下，成立以毕淑先为主的 15 人铆焊队，到附近厂矿建窑，每年可为集体创收 5 万元。“文化大革命”期间，铆焊队解体。1970 年，毕淑先筹建拥有 12 名工人的农机制造厂。机械设备有汽锤、车床、钻床各 1 台；主要产品为球磨机用钢球、钢棍及标准螺母、螺栓、拖拉机支杆等。日产钢球、钢棍 400 千克，螺母螺栓 600 个，拖拉机支杆 20 根。1980 年，为发展生产添置电焊机 1 台、60 吨摩擦压力机 1 台，年产值 12 万元。1982 年后，该厂由毕淑先承包。1982 年，毕振德筹建草绳厂，购置草绳机 25 台，价值 1.5 万元，年产值 2.1 万元，利润为产值的

10%。所生产的草绳主要供应山东王村耐火材料厂包装耐火砖，后因经营不善，承包给他人。

1984年，农机具修造专业户毕淑先承包万家村农机修造厂，职工6人，除利用原有设备外，增置150千克气锤1台，日产球磨机钢球、钢棍500千克，螺母、螺栓700个，年产值12万元，产品供应山东王村耐火材料厂。

万家村周边耐火材料资源丰富，受周边耐火黏土开采加工的影响，1986年建立1家民营耐火材料厂，占地5000平方米，进行小规模耐火砖生产。标准型号的耐火砖用摩擦压力机或夹板锤机制完成，异型砖用手工砸制砖坯，由此带动模型制造行业的兴起。最初耐火砖烧制是用简单倒焰窑，俗称“窝窝头窑”。每烧一窑砖，都要经过装窑、烧制、冷却、出窑等工序，火候难掌握，全凭烧窑工的经验和观察，生产效率很低。后来改为循环窑，也叫隧道窑。隧道窑内铺设钢轨，耐火砖坯码装在窑车上，由钢丝绳牵引，依次通过隧道窑烘干段、预热段、烧成段、冷却段，出窑后即分类为成品与次品。所需燃料由最初的烧煤、烧重油（沥青）、煤气发生炉，到使用清洁能源天然气。

万家村依托山东王村耐火材料厂和周边耐火材料产业，先后发展个体运输、机械制造、包装制品、餐饮业、劳务市场、模型加工（铁模型、木模型）、翻砂铸造、渗碳加工、装卸行业等。由此带动村内大批人员就业和外来务工人员就业。外来务工人员的增加，拉动了当地餐饮业的发展。万家村从事蔬菜种植、机动三轮和汽车出租、挖掘机出租等行业有80余人。

万家村主要企业有9家，包括耐火材料、木托包装、机械加工等类型。

淄博市周村嘉和耐火材料有限公司，2001年1月16日成立，占地4.6公顷，建筑面积3000平方米。固定资产3700万元，职工300人，主要生产黏土耐火砖、硅砖，年产值1.6亿元，利税1200万元。

淄博盛强包装制品有限公司，2008年7月16日成立，占地0.46公顷，建筑面积2600平方米，固定资产270万元，职工16人，主要生产木托盘及包装制品，年产值1080万元，利税98万元。

淄博市周村孟达木托包装制品厂，1998年6月成立，占地0.7公顷，建筑面积200平方米，固定资产100万元，主要生产木托盘及包装制品，年产值300万元，利税16万元。

淄博市杰群机械制造有限公司，2011 年 6 月 13 日成立，占地 0.06 公顷，建筑面积 500 平方米，固定资产 300 万元，从事机械加工产品，年产值 300 万元，利税 8 万元。

周村鑫磊耐火炉料厂，2000 年 4 月 25 日成立，占地 0.13 公顷，建筑面积 930 平方米，固定资产 145 万元，主要生产耐火骨料、炉料，年产值 78 万元，利税 8 万元。

周村鑫周耐火骨料厂，2014 年 5 月 1 日成立，占地 0.31 公顷，建筑面积 1800 平方米，固定资产 150 万元，主要生产耐火骨料，年产值 230 万元，利税 8 万元。

周村万达模具厂，2000 年 3 月成立，占地 0.25 公顷，建筑面积 1200 平方米，固定资产 50 万元，主要生产耐火模具，年产值 120 万元，利税 9 万元。

周村乾丰耐火材料有限公司，2015 年 5 月 5 日成立，占地 0.27 公顷，建筑面积 2600 平方米，固定资产 150 万元，主要生产耐火骨料，年产值 110 万元，利税 12 万元。

周村绍芳耐火材料厂，2015 年 2 月 8 日成立，占地 0.21 公顷，建筑面积 1800 平方米，固定资产 100 万元，主要生产耐火骨料，年产值 300 万元，利税 8 万元。

商贸服务 新中国成立前，万家村养蚕业比较兴盛，村庄附近多是桑田，约占耕地的 10%。村民依靠卖蚕茧的微薄收入，为家庭置办油盐、衣物。解放前的手工业主要是铁匠（锻工）。80% 的家庭都会打铁，但都不在当地经营，多数到东北或天津一带，或为人佣工，或数人合伙开铁匠炉。到年底能往家里汇少量余款，度过年关。

20 世纪 20 年代，万家村以放债方式开钱庄者有 2 家：毕先膺开的“裕兴和”、毕增承开的“庆增长”。2 家钱庄均以字号印制纸币，凡需借债者，以月息三分定期取用，使用地区仅限钱庄经济信用范围内（王村地区）。曾有民谣，“万家庄，东西长，东西两头三座馍馍房，还有两个小银行，东有裕兴和，西有庆增长”。

1977 年，万家大队筹建石灰窑，有 8 名青壮年参加生产，日产量 6 吨，为修建蓄水池供应石灰。后来，由于亏损，由毕敬德承包经营。

解放初期，万家村使用的运输工具是原始的木脚独轮车或扁担，运输极为不便。1955 年后，胶轮车的普及，提高了劳动生产率。人民公社成立后，各生产队普遍使用地排车。1976 年，大队、生产队购置拖拉机，不但耕种方便，还可在农闲时搞短途运输，为集体增加收入。

中共十一届三中全会后，村民购买汽车、拖拉机 20 余辆，发展运输业。除种好口粮田外，部分村民依托周村北方布匹城做布匹批发，也有村民从事专业屠宰或零售业、日用品零售或汽车运输、建筑业及经营餐饮业。发展比较早的建筑安装专业户毕于汉，最初职工队伍有 10 人，主要为王村耐火材料厂进行小型修缮服务。1984 年，他购置架杆、架板、搅拌机、灰机、电气焊设备，扩大建筑能力，有工人 50 人；组建 10 人的铆焊队伍，承接建筑和安装项目。至 1986 年，建筑队有 125 人，铆焊工 25 人，年利润 5 万元。至 2008 年，建筑队解散。

◉ 社会事业

文化

新中国成立前，村民生活单调，除正月十五“闹元宵”，清明节放风筝、荡秋千之外，少有文化娱乐活动。新中国成立后，特别是 20 世纪 60 年代初，当地通电以后，人们生活发生变化，各种形式的文体娱乐活动逐渐开展起来。

广播电视 新中国成立初期，万家村与其他村一样流行“土喇叭”。村干部大事小事向村民传达，站在村中高台上，拿着铁皮卷成的喇叭大声吆喝。1965 年，周村区广播站成立，家家安装舌簧小喇叭，收听有线广播。1970 年前后，半导体收音机开始上市。收音机音量大，频道多，节目丰富，很快成为青年男女结婚必备的“三大件”之一。后来有村民买零件，自己组装收音机。20 世纪 80 年代，收音机逐渐普及，几乎家家都有收音机。

1976 年，村民毕于盛购买 1 台 14 英寸黑白电视机，为万家村第一台电视机。每天晚上，左邻右舍都到毕于盛家看电视。1982 年，村民毕思平购买全村第一台彩色电视机。20 世纪 80 年代末，电视机逐渐进入千家万户，收音机逐渐被电视机替代。其时，全村黑白电视机普及率 50% 左右。90 年代中期，彩色电视机快速普及，价格下降，多数家庭购买。有的村民家中配有影碟机、功放机、组合家庭影院等。自 1996 年开始，周村区广播电视局在全区建设有线电视网络，有线电视通到万家村。进入 21 世纪，网络电视普及，电信、联通、移动光纤安装到户，网速、清晰度大幅度提高。

电影 1952 年冬，电影队到村放映黑白电影《白毛女》，放映地点在村西桥道口的空地上。20 世纪 70 年代初，与万家村毗邻的山东王村耐火材料厂建起职工俱乐部，宽敞明亮，座椅舒适，每周都有新影片放映，银幕大，形象清，音量高，万家村和附近村民都到那里看电影。1957 年，上海天马电影制片厂到王村地区拍摄电影《前方来信》。

《前方来信》拍完后，第二年在王村东门广场试映。

戏剧 万家村民有看戏、演戏的爱好和传统。旧时，村西万安府狮子大门前是搭戏台的地方，每年春节在那里“唱大戏”，既有该村村民自扮自演的节目，又有外村人“贺春献戏”。新中国成立后，《小放牛》《拐磨子》《小姑贤》《墙头记》《姊妹易嫁》《王汉喜借年》等是年年演出的老戏，村中人耳熟能详。二十世纪六七十年代，村里排演过《白杨树下》《八个鸡蛋一斤》等现代话剧，受到村民喜爱。村民毕于博、毕英兰、毕义先、毕瑞清、王荣椿、毕于汉是村里的“名演员”，扮相俊，唱腔好，演艺精，受到村民喜爱。

2006 年，万家村委在村北文化广场建起大戏台，命名为万盛苑。2007 年元宵节，博兴县吕剧团应邀前往演出，剧团根据万家村清末礼部尚书毕道远轶事，编成《尚书拉车》《尚书断案》两出小戏，首次公演，受到全村人好评。此后，连年在村中演出。

文化广场 万家村文化广场命名为憩园广场。广场位于村北，与文化大院相邻。2006 年始建，一期工程建万盛苑、戏台，置太湖石，设立篮球场、乒乓球台、健身器材。2008 年二期工程，建投豆亭、拱玉桥、人工湖、望青山，立“光前裕后”碑。憩园

广场古式戏台（2006 年） 李景花 摄

文化大院（2014 年）　　　　毕于琦　摄

广场文体设施齐全，是村民休闲、健身、演艺、集会、文体娱乐的场所。

文化大院　万家村文化大院设在村委办公大楼内，办公楼于 2005 年建成，是村民学科学、学知识，汲取各类精神营养的场所。农家书屋里面有科技、时政、文学等各类书籍 3000 余册；科普苑里有科普挂图、生产生活常识书刊、实用养殖技术读物几十种；村老年书画协会经常在此举办书会和书画展览，毕氏联谊会在此商议族间大事，《毕氏文化》在此编辑族史、村史。至 2017 年，已编辑《毕氏文化》6 册。

万家村各种文化活动务实有效，成绩突出，多次受到表彰。2008 年 1 月，被周村区人民政府授予“十佳文化大院”称号。2014 年，被山东省政府授予“山东省社会科学普及示范村”称号。2006 年 12 月，被中共周村区委评为远程教育规范化站点。2015 年 12 月，被评为淄博市诚孝村居。连年被周村区和王村镇评为尊师重教先进集体。

毕道远纪念馆　毕道远纪念馆暨毕氏家族文化展馆建在毕氏八支家祠，是清代礼部尚书兼兵部尚书、淄西毕氏十六世毕道远于清光绪五年（1879）为供奉毕氏八世辽东巡抚毕自肃而建的祠堂。祠堂为典型的北方二进四合院构建，有瓦房 18 间，南北大门，院落面积 600 平方米。房屋斗拱飞檐，青砖黑瓦，屋脊和屋檐上有 30 个张口兽、76 个跑兽，制作精美，栩栩如生。馆中有正房 5 间，前出厦宽敞大气，厦门左右立柱上镌有毕道远拟定的楹联“十七世诗礼门第，五百年孝友家风”。院内松柏干粗枝茂，郁郁葱葱。

毕道远纪念馆内的母仪石（2017 年） 毕于琦 摄

2004 年，淄西毕氏八支家祠被辟为毕道远纪念馆暨毕氏家族文化展馆。展馆正房里供奉着毕自肃及列祖神位。东屋 3 间，陈列着毕自肃任宝兴县县令时百姓赠送的“神君慈母”金字大匾、明代皇帝的诰命、诏书等珍贵文物。西屋 3 间展出毕道远生平事迹、字画和著述文稿。南屋 3 间为族人议事之处，上悬“敦睦堂”横匾。毕道远纪念馆暨毕氏家族文化展馆图文并茂，史籍众多，是毕氏族人缅怀族史、祭祀先祖的场所，也是村民铭记村史、记住乡愁的载体。

万家村“投豆精神”石刻 2017 年 10 月，万家村两委向周村区文化局申请，拟在村南公高广场建毕木省身自律、率先垂范的“投豆精神”石刻景观。11 月，经老干部会、党员会、村民代表会表决通过，王村镇招标办公室主持投标。工程投资 6.5 万元，历时 60 日，于 2017 年 12 月竣工。

电子屏 2017 年 9 月，为弘扬传承优秀传统文化，宣传新时代中国特色社会主义思想，万家村向周村区委宣传部申请筹建电子屏。经区委宣传部审批后，周村区文化局领导建议与毕忠臣谕葬墓一并开放为统一景观。经村民代表会议表决通过，恢复明代堡子城城门、建城墙电子屏基础工程。王村镇投标办公室主持投标，投资17.5万元，于2017年12月30日竣工并投入使用。

“投豆精神”石刻（2017年）　　毕于琦　摄

体育　20世纪90年代，随着经济发展、社会进步，万家村人物质生活富裕，文化生活丰富，人们的身体健康意识增强，主动参加体育锻炼的村民越来越多。为给村民体育活动创造条件，村委不断增设体育活动设施。2006年，在村北文化广场上建起篮球场，安装乒乓球台。2010年，在村中建起健身广场，安装双杠、吊环、荡椅、秋千、平衡滚筒、肋木架、跷跷板、按摩器等多种运动器材。

堡子城城门，上安装有城墙电子屏（2017年）　　毕于琦　摄

参加体育活动成为村民日常生活的重要组成部分，人们积极参加各种体育锻炼，打拳、散步、棋牌、气功、打球、广场舞等是村民经常组织的体育活动。2007 年，万家村被评为周村区普及健身气功优秀活动站。

教育

万家村历来有重视教育的传统。据明万历十三年（1585）毕木创修的《淄川毕氏世谱》载，淄西毕氏六世毕忠臣系明光禄大夫、太子太保、户部尚书毕自严的祖父，曾做淄川邑掾，后弃官归耕，建私塾延师教子，尤其对第六子毕木重点培养。七世毕木建“投豆亭”省身自律，置“责善簿”绳束诸子、砥砺勤学，成就淄西毕氏“三士同升”“四世一品”的辉煌。

20 世纪 50 年代，政府开展扫盲行动，使大部分村民摆脱文盲。1956 年，万家村经多次向政府请示，以民办形式建学校，经费以自筹为主。校舍设在毕氏八支家祠内，制作校桌 20 余张，座位由学生自带。毕恭先任教师，招收万家村适龄儿童 30 多人。1958 年，学生增至 80 多人，教师增加到 3 人，校舍不足，又腾出北屋作教室。垒上台子，放上木板作为课桌，以民办公助性质解决经费。1968 年，学生增至 160 人，7 个班，其中有 2 个初中班。大队在毕氏老家庙、白业堂扩建教室 21 间，增加课桌 25 套，教师增加到 9 人。1976 年后，初中班合并到东铺联中。万家村仅存 5 个小学班，教师 6 人。1987 年，村委在中心路南段新建占地 9000 平方米的万家小学，有学生 150 人、教师 8 人。1990 年后，黄埠村小学、栗家村小学并入万家小学，形成三村办学。2003 年，万家小学并入王村中心小学。1988 年，东铺联中、杨古联中、大尚联中合并为王村中学，学校位于万家村。1999 年，坐落在王村的周村五中并入王村中学。2005 年，彭阳中学并入王村中学。

幼儿园 万家村的学前教育是从 1972 年开始的。村里选 1 名性情温和、认真负责、多才多艺的女青年，教孩子唱歌跳舞。为缓解农忙时节家长的后顾之忧，设季节性托儿所。1986 年 7 月，村委投资 2 万元新建幼儿园 1 所，占地面积 567 平方米，建教室 7 间、办公室 3 间，有教师 3 人，学生 30 人，全日制教学，教具和儿童玩具齐全。2006 年 9 月，幼儿园并入王村中心幼儿园。

卫生 新中国成立前，万家的医疗卫生事业基本空白，村民一旦染疾，轻则拖延，重则出村就医。新中国成立后，党和政府重视农村医疗卫生事业。1964 年，王村中心卫生院为万家村培训 2 名村级卫生员，由于条件所限，只能在家中行医。1969 年，实行农村合作医疗，每人每年缴纳2元的合作医疗费，可在医院或卫生室报销40多元的医药费。在毕氏家祠南屋建成保健室，有2名乡村卫生员，俗称“赤脚医生”。医疗设施有出诊箱、听诊器、常用药品，村民的常见病、多发病在村就能得到治疗。按时为村民接种疫苗，预防传染病发生。1976年，增加中医针灸人员1人，对偶然发生的疾病，通过针灸、中西医配合及时诊治。2004年，实行新型农村合作医疗制度，村民每年缴纳少量的合作医疗费，生病住院能报销。2006年，万家村卫生室搬迁到新建的村委办公楼东侧，配置相应设备，达到乡村卫生室标准。2014年，新农合改为医疗保险，提高缴费和报销比例。

◉ 村务管理

党支部 1962年，万家村成立党支部，毕德均被任命为第一任支部书记。1966—1968年，支部工作一度停滞。1967年后，由万家村革命委员会主持工作。1977年，支部有17名党员。2004年，万家村党员和村民为患病的聋哑人毕于昶等3户村民进行爱心捐助，帮助他们渡过难关。自2005年起，每逢冬季下雪，党员在村内主街、广场、集市上扫雪。2008—2013年，万家党支部党员、村民代表先后赴大寨、台儿庄战役纪念馆、莱芜战役纪念馆、南京中山陵等地参观学习。2012年，万家村南毕忠臣谕葬墓修复工程开工，党支部组织党员参加义务劳动。2016年，万家党支部制订党员亮身份、增强自律意识制度，党员参加重要场合佩戴党徽。党员在大门醒目位置悬挂“党员家庭户”牌，接受群众监督。制订“两学一做”学习教育方案，开展“学党章党规、学系列讲话，做合格党员”常态化学习教育活动。2016年，制订“无职党员设岗定责”制度，设置岗位8个，29名党员参与认岗、履岗。至2017年，万家党支部有党员42人，其中男性党员29人，女性党员13人。

村政组织 新中国成立前，万家村实行保甲制，一村为一保、十五户为一甲。保长、甲长催收苛捐杂税，负责派夫、抓丁等。1954年，万家村成立互助组。1955年，成立初级农业合作社。1956年，成立高级农业合作社。全村150户全部入社，土地、农具、耕牛等生产资料实行公有制。1958年，实行人民公社化，万家村与黄埠村合称黄埠大队。1960年，成立万家大队。1984年，民主选举产生万家村村民委员会，设村委会主任。1996年，村委会换届选举，成员可连选连任。

群团组织 1962 年，万家村建立党组织后，要求进步的青年向党组织靠拢，接受党组织的培养，青年积极要求加入共产主义青年团。改革开放后，万家村的共青团组织在党组织的领导下，积极开展工作，学习科学知识，交流致富本领，勇闯改革大潮。1955—2017 年，先后有 7 人任共青团万家村支部书记。

1946 年，万家村成立妇女救国会。组织发动群众，宣传党的政策，参加土地改革，恢复和发展生产，支援抗美援朝，参加农业合作化运动。改革开放后，妇女联合会在村民生产和生活中发挥着重要作用，投身于市场经济、计划生育、文明创建活动中。参加新时代讲堂，提升思想觉悟，在建设美丽村庄、美在家庭创建活动中发挥重要作用。

1946 年，万家村成立民兵队，主要任务是搞好治安保卫，站岗放哨，反特除奸。1947 年，万家民兵队参加支援前线和地方剿匪战斗。1958 年，“大跃进”实行军事化，万家村成立民兵营。1974 年，万家村成立民兵连，基干民兵 16 人。进入 21 世纪后，民兵组织每年一次整组，接受军分区的点验。王村镇人武部抽调基干民兵参加集训。2008 年，胶济铁路“4・28”重大交通事故中，万家村基干民兵参加事故救援，受到淄博军分区和周村区王村镇政府的表彰。

1946 年，万家村成立农民救国会，开展土地改革运动，支援前线，除匪反霸，宣传党的政策，恢复和发展农业生产。1965 年，万家村成立贫下中农协会，会员 155 人。贫下中农协会在党的领导下监督各项政策的执行情况和干部队伍的作风建设。1980 年，根据形势发展，贫协组织被撤销。

古庄遗韵

万家村历史悠久，名人辈出，古建筑遗迹众多。从村西段狮子大门往北，以尚书府为中轴线，东西街布局，总面积40余亩。五层家眷楼、玉清堂、黄发楼，三进三出厅堂厢房，左右对称。村前部分为居住区，村后为休闲游乐园林区。古建筑群集古楼、古树、古井、古屋、古上马石、拴马桩、古石碾、古石磨、古庙宇、古厅房、古厢坊于一体。2003年，万家村明清古建筑群被定为淄博市文物保护单位。2014年，万家村被公布为第一批省级传统村落。2015年，山东省人民政府公布万家村为第五批省级文物保护单位。2016年，住房和城乡建设部等7部委公布万家村为第四批中国传统村落。

◉ 遗址遗迹

万安府 位于村西，万安府南部为居住生活区，北部为园林休闲娱乐区。明成化年间（1465—1487），由文华殿大学士、吏部尚书、内阁首辅万安建成，至今已有500多年历史。

万安，四川眉州府眉山县人。明正统十三年（1448）中进士，明成化五年（1469）进入内阁。从政40余年，历经明正统、景泰、天顺、成化四朝。明成化六年，山东大旱，万安奉旨到山东赈灾。经过万家村一带时，万安见此地水草丰茂，北倚副岳白云山，南面豹山，东有白泥河流水潺潺，西有玉清河流水环抱，左有李家疃西北青龙山，右有大尚村南面的伏虎山（俗称伏山），决定在此安家。万安在万家庄地面大兴土木，雇佣工匠，花数万两白银，在万安溪北侧建造府第。狮子大门前，左右立有上马石，五层高的家眷楼，三进三出的前厅、中厅、后厅等建筑，历时五年建成。万安写下“万安庄”三字。庄前的小河被冠名“万安溪”，庄南的石板桥为“万安桥”，庄南的族茔为“万安族茔”。

万安府以狮子大门为中轴线，东西分布。狮子大门，门前有一个月台。此台九米见方，高两米，左右各有一尊上马石。大门高8米（连台阶），斗拱飞檐，歇山式建筑，两侧各有一个小门供日常出入。狮子一雌一雄分列左右，站在月台南眺，泰沂山绵，豹山映翠。

大门右侧，依次排列五间前出厦厅，左右两厢房，为第一院落。第二院与前院有所

万安尚书府第复原图（2017年）　　王荣亨　摄

不同，有前出厦五间，东西厢房、南偏房。第三院与第二院相同。穿过后花厅门，映入眼帘的是五层家眷楼，明代建筑风格，砖混结构，地下一层地上四层。墙厚 1.8 米，二层以上有窗。楼门用厚柏木裹铁皮，铁钉装成，可防火、防盗。

大门左侧，与右侧基本相同。现存有第二院落东西厢房，其他均已不存。尚书府西侧为西顺街，南端有街门，20 世纪 70 年代街门拆除。街西为二进四合院布局。四合院后为银库，俗称银楼。银库往北是马厩。20 世纪 70 年代，马厩石墙犹存。东街建筑在清道光初年拆除、改建。2017 年，在此居住的是毕氏八世毕自寅的后裔。

万安银库 俗称银楼，是万安尚书府金银财宝集中存放处。银库坐北朝南，面阔三间，砖混结构。墙基础用冲山条石三层砌成，高 8 米，墙厚 1.5 米。楼门是五寸的柏木板用铁皮包裹而成，两个石窗均用 6 块崇山石雕凿而成，可防火、防盗。银库房顶用发券式砌成，配海墁腿，张口兽，是万家村唯一保存至今的明代建筑。

白业堂 始建于明嘉靖二十六年（1547），是万家村毕氏延师课子的家塾，距今 470 余年。由毕氏六世毕忠臣初建，明万历三年（1575），毕氏七世毕木重修并题名“白业堂”。此堂位于村前中部，坐北朝南，典型的明代建筑。大门为出厦内进式，古朴庄重。大门屋顶檐角配有张口兽。

进大门 20 米甬道，转过月亮门，迎面为三间学堂。进入堂内，迎门一幅中堂，上

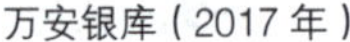
万安银库（2017 年） 毕于琦 摄

白业堂（2017 年） 王荣亨 摄

书“修身齐家治国平天下”。门两侧楹联为“积善修白业，读书养道心”。东山墙对联为“清清白白勤笃而孝友传家，堂堂正正忠厚并诗礼继世”。西山墙对联为“世事洞明皆学问，人情练达即文章”。

白业堂历经 400 多年风雨侵蚀及人为破坏，20 世纪 80 年代被拆除。2017 年，依古重建，成为乡村记忆博物馆展室之一。

投豆亭　始建于明万历元年（1573），由万家村毕氏七世毕木创建。此亭位于二舆园内，在玉清堂与黄发楼之间。投豆亭四柱六角，斗拱飞檐，亭内设有一张石桌，上置 2 个瓶，旁有 2 个盂分盛黄豆、黑豆。每做一件善事，便从盂内拿一粒黄豆投入瓶中；若心中起一恶念，便向另一瓶中投一黑豆，以此约束自己的行为。毕木撰写一副对联，“检点身心投豆亭中无黑子，怡愉情性护花篱畔赏黄英”。

清末，由于战乱频仍，投豆亭被毁。2008 年在原址重建。

憩园　始建于明嘉靖四十五年（1566），由万家村毕氏老长支毕檠修建。憩园位于万安溪北侧，东万家村北部，占地面积 10 亩。园内遍植松竹桑榆，太湖石点缀其间，植有各种花卉，古井藤蔓，曲径通幽。

憩园有“憩园八景”，曾有诗人骚客驻足其中，吟诗作画，对酒当歌。其中，清末礼部尚书毕道远与族兄毕远烯、毕骏远等人的《憩园八景》诗，流传至今。

投豆亭（2017 年）

王荣亨　摄

乡村记忆博物馆第一展室（2017 年）　毕于琦　摄

憩园广场内太湖石（2016年）

毕于琦 摄

万安后花园 万家村最初的花园为万安后花园，位于尚书府五层大楼后边。后花园占地十余亩，园内有一座假山，名为后花山。后花山用挖五层大楼地基与挖荷花池的土堆积而成，高 10 余米，宽 30 米，长 100 米。山上遍植金雀花、银翘花、牡丹、芍药等花卉。

后花园中遍栽桑、榆、楸、槐等古树，后花山东侧有一眼古井，水质甘甜，遇旱不涸，雨天不溢，是万家尚书府几十户人家的饮用水。20 世纪 80 年代，后花园与后花山成为居民区。

拱玉园 始建于明崇祯五年（1632）。此园位于村西北 100 多米处，是万家村毕氏八世毕自寅罢官归田时所建。

拱玉园引玉清河水从东北入园，挖土为池，遍种荷花、菱花。荷花池中建一座荷风亭，与亭相连为曲桥通轩。园北端建 5 间厅房乐寿堂。乐寿堂中悬挂名人字画，摆放文房四宝。毕自寅生前与北宋书画家米芾二十世孙米万钟相交甚厚，诗词唱和，著书立说，《志隐集》是他的代表作。出乐寿堂向南，建有拱清轩，思亲之际，在轩内向先父玉清茔长揖叩拜，以表生前少尽孝道，殁后多加补偿之意。

拱玉园内奇花异卉，松梧连荫，怪石嶙峋，曲径通幽。园内有太湖石龙头石、天柱石、海岳石等。

龙头石有一丈多高，似巨龙昂首欲翔，有驾雾腾云之势。天柱石斑驳嶙峋，有高仰俯察之态。海岳石天然洞眼，眼眼相通，瘦、漏、皱、透全在其中。

拱玉园是明末淄邑有名的园林，清康

堡子城复原图（2017 年）

熙年间（1662—1722），《淄川县志》有记载。此园毁于清末。

西园 始建于明万历元年（1573）。位于万安府五层大楼东北处，是毕氏七世毕木所建。园内有十景为黄楼爱暑、槐帘春昼、方亭皂盖、湖山十丈、狮屏翔跃、对沼鱼莲、藤棚缀锦、进颂斜阳、及泉抱瓮、松池玩月。西园垒石为山，山石是从四季山采的石灰岩。层峦叠嶂，气势冲天。挖土为池，池中荷花盈盈，岸上绿柳婆娑。园内广种桑、榆、桃、李，太湖石映衬其间。西园的整体布局是以西邻的万安后花园与东万家庄的憩园成二人抬轿之势，毕木以二舆园命名。园中有一口古井，井旁有一株合抱粗丁香花树，树干苍老龙钟，枝条繁茂。

堡子城 位于村西北150米处，始建于明崇祯十一年（1638）。由万家村毕氏八世毕自肃夫人率三子毕际竑、毕际竩、毕际端，倾其多年积蓄，版筑而成，至今已有380多年历史，清朝历代纂修的《淄川县志》均有记载。

堡子城南北长150米，东西宽130米，东南西南各有一门，在西门外有上马石两尊。城墙用三合土夯筑而成，高7米，宽4米，上宽2米。城内建有两座明式二层楼，一座名为慈母楼，位于城内西南处，面阔五间，木门木窗，由王恭人及她的8个女儿居住。

王荣亨 摄

一座名为率子楼，由王恭人的三个儿子居住。堡子城建有杂物房、粮仓、马厩、石磨、石碾、水井等。据史料记载，明末天下大乱，贼盗蜂起，散兵抢掠，清兵入关，堡子城曾庇护了几百族亲姻眷。

堡子城历经清朝至民国晚期，城墙基本完好。清咸丰年间（1851—1861），由于人口增多，经济景况日下，管理不善，年久失修，堡子城里的两座二层楼逐渐坍塌。新中国成立后，城墙因年久失修，已失去保护功能。1958 年两城门被拆除，到 1978 年，胶济铁路修建复线占用北城墙，堡子城消失。

古宅

玉清堂　始建于明万历元年（1573），是万家村毕氏七世毕木所建。

此堂位于五层大楼右 50 米处，坐北朝南，三间前出厦，后过道。一明两暗，一门两窗，砖石结构，木制门窗。前出厦有两根抱柱，三层台阶用冲山石铺就。玉清堂右前方 5 米处有一株毕木栽的古松，华盖如伞，直径 0.4 米，高 16 米。

玉清堂内有毕木撰写的一副对联，“君子禔躬重于山 直北岩岩仰止，大夫比德清如玉 此心翼翼思齐”。玉清堂冬暖夏凉，宽敞明亮。穿过玉清堂后门，经投豆亭，往北可达黄发楼。1969 年，玉清堂成为毕敬德的老宅，其在此居住 20 多年。20 世纪 90 年代末拆除。

黄发楼　始建于明万历十六年（1588），其遗址在二舆园内玉清堂北 50 米处。毕木晚号黄发翁，是 50 岁以后的称谓。黄发楼坐北朝南，面阔五间，两层建筑，楼梯在楼内。木制门窗，雕花精美。黄发楼的基础离地面高 1.5 米，视野开阔，冬暖夏凉。黄发楼面朝二舆园，园内景致一览无余。由于年久失修，最终倒塌，沦为废墟。

古桥

万家村内有古桥 2 座。

万安桥　建于明成化六年（1470），由万安所建。此桥位于村东南 50 米处，横跨万安溪，长 12 米，宽 5 米，桥面用玄武岩条石铺成，桥涵两孔分水通过，坚固异常，是万家村与外界沟通的主要通道。

万安桥处于省府济南通往滨州、登州、莱州、东营的官道上。1948 年 9 月 16 日，济南战役打响，人民解放军的骡马军车从万安桥通行西去。20 世纪 60 年代，解放军野营拉练时，坦克、装甲车从桥上驶过，万安桥安然无恙。

解放后至 20 世纪 80 年代末，国道 309 从万安桥上通过。1986 年进行一次大修，桥

万安桥（2017 年） 李景花 摄

万安桥侧面（2017 年） 李景花 摄

面拆除 500 多年的玄武岩石，改为钢筋混凝土，桥边装饰铁栏杆。2017 年，在古村落建设中，更换为青石栏杆，桥面随村路铺上沥青，美观坚固。

古石桥 亦称堡城桥，建于明崇祯十七年（1644）。适逢天下大乱，毕自肃之妻王

万安溪上连接堡子城与万家村的明代石桥（2017 年） 李景花 摄

堡子城古井（2017 年）　　王荣亨　摄

恭人率三子在村西北百米处建堡子城。因堡子城与万家村隔有一条河，交通运输不便，遂在此处建桥。桥用冲山石垒成，桥洞呈发券状，高 4 米，宽 3.5 米，经近 400 年风雨，仍坚如磐石。2017 年，加固护栏。

古井　堡子城内有古井 2 眼，西北、东北各 1 眼，水质甘甜，常年不涸。20 世纪 90 年代，东北处古井被填平，存西北处 1 眼，井台、井柱、井桩石犹在。

古木　堡子城东南处有明崇祯十年（1637）栽种的古槐 1 株，直径一人合抱，树干斑驳，树枝大部枯萎。村东南有明万历四十五年（1617）栽种的 1 株古槐，在毕于茂大门前。此古槐树干中空，树枝多枯萎，有少量新枝茂盛，是万家村最古老的一株国槐。

古街　万家村保存有 3 条建于明朝的古街，至 2017 年已有 500 余年历史。中顺街也称狮子大门街，位于村西部。街前为阅台，高 2 米，宽 9 米（正方形）。四面砌台阶，阅台后耸立高 7 米的狮子大门。街西侧依次建有三进前出厦过厅、东西厢房、南屋 3 间、大门 1 座、五开间五层家眷楼。街东侧依次有三进前出厦过厅。明万历年间（1573—1620），毕氏七世毕木在过厅后增建玉清堂、投豆亭、黄发楼。

西顺街位于万安府狮子大门西侧 30 米处，街门建筑规格稍逊于中心街狮子大门。

堡子城古槐（2017 年）　　王荣亨　摄

村东南古槐（2017 年）　　王荣亨　摄

大门内西侧依次建有三进院落和万安银库、马厩等。

东顺街位于万安府东侧 30 米处，依次建有三进院落，为毕氏八世毕自寅的住宅。

古墓

毕忠臣谕葬墓　位于村南，万安溪南岸 50 米处，是明朝诰赠“光禄大夫、太子太保、户部尚书”毕自严祖父毕忠臣的谕葬墓。

谕葬墓从南至北依次立有“皇恩浩荡”石牌坊，牌坊高大雄伟，中间有一个大门，两侧各有一个小门。牌坊上端刻有“赠一品”3 个大字。进入牌坊，左右 2 根望柱均是

毕忠臣谕葬墓牌坊（2013年）

石灰岩石，柱顶上镶有神兽“望君归”，昂首向天。再往北，东为圣旨碑，西为生平碑，各有一神兽赑屃驮碑。碑高5米，宽1.5米，厚0.25米，碑帽雕刻“龙腾祥云”图案。往里是神道。两边分列一对石虎、石羊、石马，一对石人文官。神道尽头是用方柱玄武岩垒成的“石至门”。进入“石至门”有方正50米空地，是毕氏后裔祭祀叩拜之处。再往里是石供桌，供桌后有墓碑，碑上镌刻“明累诰赠光禄大夫、太子太保、户部尚书廷佐毕公之墓”。碑两侧用小楷刻有子孙名讳若干人。中间大字书法遒劲秀美，用双勾笔法，再用浅浮雕刻就。

王茉亭 摄

毕忠臣谕葬墓功德碑（2012年）　　王荣亨　摄

毕忠臣谕葬墓圣旨碑（2012年）　　王荣亨　摄

毕忠臣谕葬墓石至门（2012年）　　王荣亨　摄

“文化大革命”开始后，毕忠臣谕葬墓石像生被毁，主墓保存完好。2013 年，在原址略向右后方 50 米处增加武将石像生二尊。2003 年，谕葬墓被公布为淄博市文物保护单位。

玉清茔 位于村西北 2 千米，背靠玉清山之卧牛岭西侧，面对玉清河发源地。玉清山下百泉汇涌，最大一支泉叫黑龙泉，泉水淙淙，终年不涸。

玉清河在不远处转弯，绕玉清茔流出，与一条沟谷在此交汇。此茔是毕木的谕葬墓，占地 30 余亩，其规制与老墓田等同。茔内松柏森森，墓碑幢幢，建有石牌坊、石像生。高大的石牌坊上端镌刻“恩渥重堦”4 个大字。墓碑上镌刻“明累诰赠光禄大夫、太子太保、户部尚书毕公舜石之墓”。虽经战乱，玉清茔尚保存完好。“文化大革命”时，石牌坊、墓碑等尽遭损毁，仅剩墓冢幸存。20 世纪 80 年代初，墓中文物大部分被盗走。2003 年秋，万家村委组织毕氏后裔加以修复，重立墓碑，遍植松柏，是山东省文物保护单位。

赐阡茔 位于村东北 1 千米处黄埠顶上，是明光禄大夫、太子太保、户部尚书毕自严的谕葬墓。此茔背靠副岳白云山，东依白泥河，靠近响水湾，南面泰沂群山连绵。此茔占地面积 100 亩，墓园内几百株松柏粗壮挺拔。墓地最南端的牌坊高大雄伟，牌坊上端镌刻“赐建佳城”，背面镌刻“皇恩浩荡”。墓道两旁分列石虎、石羊、石马各一对，文臣二人，武将两尊。墓道尽头为“石至门”。墓前有一块石灰岩墓碑。高大的墓碑上镌刻“明季重臣、光禄大夫、政治上卿、太子太保、户部尚书毕公自严之墓”。墓冢高 8 米，周长百步，四周建有围墙，墙内有守庐 3 间和杂物房、厨房等设施，是守墓人居住之所。墓旁有赐阡茔祭田 20 亩。

赐阡茔内几百株松柏郁郁葱葱，均两人合抱。日本入侵，胶济铁路由墓后经过，因惧怕松柏中埋伏八路军，限期伐光。赐阡茔历经 400 年沧桑保存完好，“文化大革命”中破“四旧”时被毁。2006 年，淄博市文物局在赐阡茔旧址，设立毕自严墓碑，认定为淄博市文物保护单位。

庙祠庵阁

老家庙 始建于明万历五年（1577），由毕氏七世毕木创建。老家庙位于白业堂西侧，与白业堂一墙之隔。坐北向南，一门一窗，一明一暗，明代建筑风格。两开间布局，为靠山梁立柱两层式柱梁结构。家庙内迎门供奉毕忠臣坐姿神像，右侧绘有毕木生

老家庙（2016 年）　　王荣亨　摄

像，立于坐像侧面，成侍奉状。神像最上端立有始祖毕敬贤及二世、三世、四世、五世牌位，按左昭右穆分列。家庙内置“责善簿”，绳束子弟。像前有毕氏家训，“承前谟，不居间、不放债、不攻煤井；愿后世，学吃亏、学认错、学好读书”。每月朔望，毕木率子侄在家庙内祭拜先祖。每年春秋两季举行祭祖大典，淄西毕氏族众男丁参加。子侄中有过错者，则率族众在家庙内予以惩罚，使其悔过自新。老家庙内门前植桧柏 8 株，列于左右。20 世纪 70 年代 8 株桧柏被伐，做成学校桌椅。

八支家祠　始建于清光绪二年（1876），由礼部尚书毕道元捐资 5000 两白银和族众共同出资所建，坐落于老家庙左前方。祠堂内主奉辽东巡抚、都察院右佥都御史毕自肃画像。建筑格局以四合院对称布局。大门为古典流苏式基调，垂花灯笼分挂两边。屋脊檐角张口兽对称分列。进大门左转一穹顶角门，过道往里是坐北朝南的古典式小门楼。进入院内，迎面五间前出厦肃穆庄严。祠堂迎门是毕自肃神像，神像两侧配有二位恭人大妆像。神像最上端是明清皇帝诰封圣旨。往下是八世以下祖宗牌位，均按左昭右穆排列。东厢房奉祀毕道远神像、陈列毕道远生平所用器物、书法手迹及作品《东河集》。上面悬挂毕道远之父毕云堂任庸城知县时，百姓赠送的“神明父母”黑地金字大匾。西厢房陈列毕自肃出任定兴县时众乡绅、百姓赠送的黑地鎏金大匾“神君慈母”以及毕自肃生前巡抚辽东上书崇祯皇帝的奏疏——《辽东疏草》和其生前遗物、著作等。南屋为族间议事房，迎门有一块匾，上写“敦睦堂”。

八支家祠（2017 年）　　王荣亨　摄

菩提庵　建于明嘉靖三十年（1551），是淄西毕氏六世毕忠臣从西铺村迁居万家庄后，在万安溪南岸修建的一处佛家庙堂。菩提庵占地面积 3300 平方米，建筑面积 280 平方米。大殿重檐前出厦靠山梁结构，1 门 2 窗，是中国北方典型的建筑风格。菩提庵临水而建，之前只有草房 3 间。毕忠臣将其扩建为厅堂 3 间，供奉观世音菩萨。

明天启年间（1621—1627），南京户部尚书毕自严在千佛阁左右建文殊、文昌2殿，一年四季香火旺盛，在周边地区享有盛名。清光绪五年（1879），户部侍郎、仓场总督毕道远捐俸，与族众重修菩提庵、观音殿、土地祠、关帝祠，扩建碧霞元君殿。在观音大殿前5米处，有2株桧柏，经500多年沧桑，树干粗壮，三人合抱，树身高15米。龙干虬枝，盘曲向天。2株桧柏毁于20世纪70年代末。观音殿内有观世音塑像，左有散财童子，右有小龙女。观音大殿一副长联："观世、观人、观心，拯尘世一切善恶之源；救苦、救厄、救难，度人间万劫不复之根"。

1935年，毕承庸等族众捐资重修此庵，在庵西南角增建"浆水庙"。至20世纪末，只剩断壁残垣。2015年，万家村民毕思峰引资100万元，重新修复倾塌的观音殿及僧舍、千佛阁、围墙等。

千佛阁 始建于明天启六年（1626），户部尚书毕自严捐资，在菩提庵院内修建2层佛阁。南北阔5米，东西长5.2米，高9米，砖石结构。一层为前门木窗式，迎面供奉1尊弥勒佛，后门迎面有护法韦陀菩萨1尊。阁内左侧有木梯，高3.5米。二层前墙为雕花窗户，阁顶安有张口兽、龙吻等吉祥物。阁内供奉明户部尚书毕自严从南京铸造的小铜佛像200尊。千佛阁经400年风雨，其间虽有几次修缮，但阁内多处仍受损严重，200尊小铜佛已不知所踪。

菩提庵（2016年） 王荣亨 摄

菩提庵千佛阁（2016 年）

王茉亨 摄

◉ 收藏文物

圣旨 毕自严系明万历十六年（1588）举人、万历二十年进士，累官至光禄大夫、太子太保、户部尚书，历 4 朝 44 年。他和他的亲属得到明万历、天启、崇祯 3 代皇帝封赠、褒奖的圣旨有 33 道。

圣旨一部分被各地档案馆、博物馆收藏，一部分散失于民间，一部分毁于“文化大革命”时期。流传下来的有 6 道，其中有 4 道圣旨现保存于王村镇档案室。4 道圣旨均为五色绢本。内容分别为明天启元年（1621），诰赠毕自严之祖父毕忠臣、父亲毕木为太仆寺卿；祖母、母亲、妻为淑人；荫长子。明崇祯元年（1628），诰赠毕自严的祖父毕忠臣、父亲毕木为户部尚书；祖母、母亲、妻为夫人。崇祯二年，诰赠毕自严之祖父毕忠臣、父亲毕木为太子少保；祖母、母亲、妻为夫人；崇祯四年，诰赠毕自严之曾祖父毕恪、祖父毕忠臣、父亲毕木为光禄大夫、太子太保、户部尚书；曾祖母、祖母、母

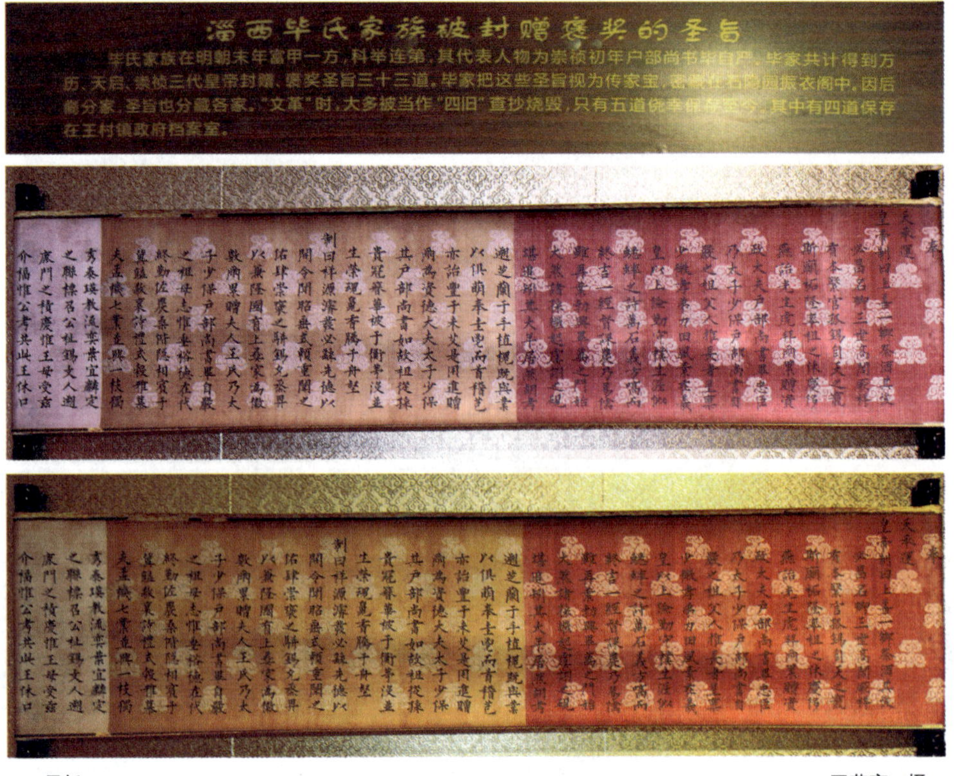

圣旨　　王荣亨　摄

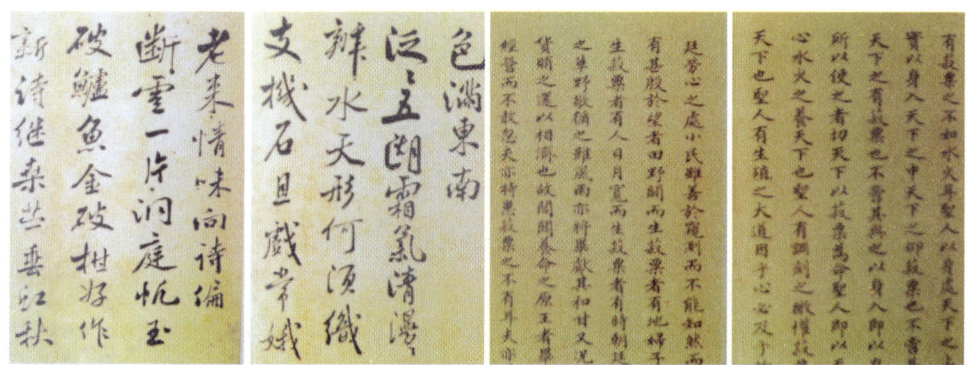

毕道远手迹　　李景花　摄

亲、妻为一品夫人。之后对毕自严之父毕木的诰赠与毕忠臣、毕恪等同，其妻亦然。

毕道远手迹　毕道远系明辽东巡抚毕自肃第九世孙。官至光禄大夫、礼部尚书，历 4 朝 40 余年。他不但精于经史、文学，长于经济、吏治，还是晚清著名书法家之一，擅长楷书、草书。多家博物馆收藏其作品，而民间也有不少书法爱好者将其墨宝悬于中堂。

清咸丰年间（1851—1861），北京故宫的太和门遭雷击失火，后重修。太和门竣工后，毕道远曾在太和门上部竖书“太和门”满汉两体文字。

契约文书　至 2017 年，村民毕敬德藏有清代和民国时期的地契。其中，有毕岱淦于清道光年间（1821—1850）的卖地契约及民国初年毕承钊的卖地契约。

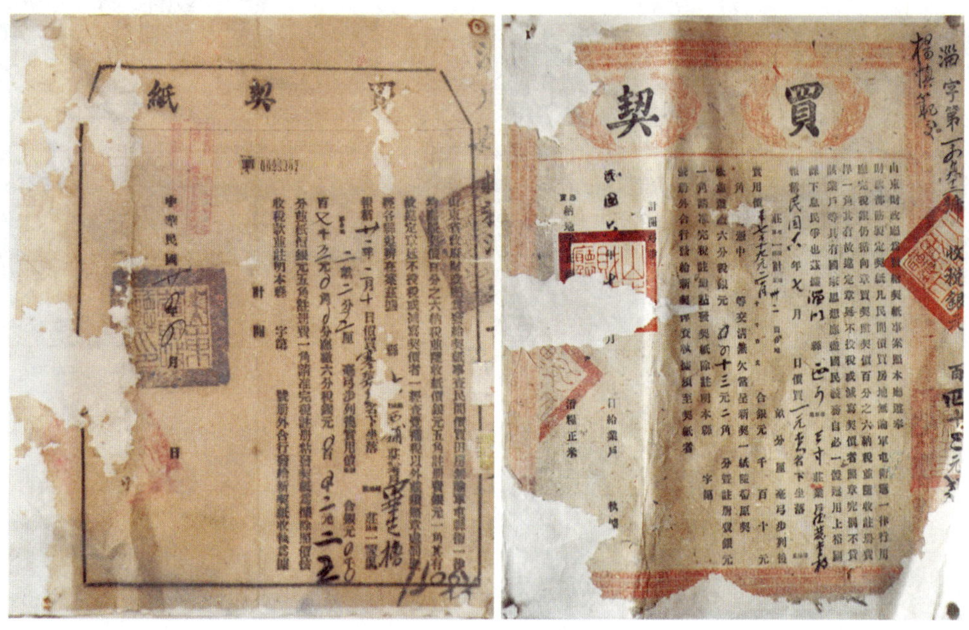
買契紙

買契

契约文书　　王荣亨　摄

万家古村牌坊（2010 年）　　王荣亨　摄

保护开发

万家村建村历史悠久，文化底蕴深厚，村中诸多明清古建筑具有独特艺术价值、史学价值、技术科学价值和民俗文化价值。改革开放后，万家村重视古村保护工作，2003 年 11 月，淄博市政府将万家村明清古建筑、古墓群定为市级文物保护单位。2015 年 4 月，被山东省人民政府定为省级文物保护单位。

古村保护

旧村风貌 新中国成立前，万家村文物古迹众多，明清古建筑风格鲜明。建筑群分布为 4 个区域，村西北部以中顺街、东顺街、西顺街组成 3 条轴线，至 2017 年仍保留着 10 余座明清古住宅。村中部有明朝建筑毕氏宗祠和作为学堂的白业堂、清朝建筑毕自肃祠堂。村东南部有明朝建筑菩提庵。村南、村西北和村东北分布有毕忠臣、毕木、毕自严 3 处谕葬墓。建筑总面积 2 万余平方米。庵阁庙祠，古色古香。2015 年，万家村明清古建筑群被山东省政府公布为省级文物保护单位。

保护规划

2015 年 8 月，山东省淄博市规划局批准《淄博市周村区王村镇万家村传统村落保护发展规划》(以下简称《规划》)。古村保护工程分 3 期，近期(2015—2020)，中期(2021—2025)，远期(2026—2030)。

规划范围 以万家村村域为规划范围，总面积 100 公顷，其中重点规划区为万家村建设区，面积 27.35 公顷，核心保护区以毕氏家祠(现为毕道远纪念馆)及周边明清建筑为中心，周边 30 米左右为核心保护范围，面积 6.17 公顷。

规划目标 通过保护发展规划，加强万家村整体环境、核心保护区和重点历史建筑的保护，使万家村满足传统村落建设规划的要求，突出其“文化性、民俗性、时代性”，使其成为生态环境优美、历史人物特色显著、生活及旅游服务设施完备、具有鲜明北方传统民居特色的原生态村落。

万家村申报国家级传统村落材料(2015 年) 毕于琦 摄

规划布局 通过点、线、面3个层次空间上的相互联系，构建万家村传统空间格局。“点”指的是自然景观、文物古迹、历史建筑等标志性历史景观。“线”指的是一带两线历史风貌带。“一带”指万安溪沿河历史风貌带；“两线”指牌坊中央大街风貌线和万安府两侧道路风貌线。“面”指的是传统村落所在区域。

规划内容 《规划》对村落结构、传统街道、传统院落、重点建设、传统文化、基础设施6个方面作了明确规定。

对万家村村落传统格局和历史风貌进行整体保护，包括自然环境保护，传统街巷、传统院落保护和整治。保持该风貌区原有空间和比例，建筑门窗、墙体、屋顶等形态符合明清建筑风貌要求。保护和整理历史地域内有价值的文物古迹，使之成为集中反映明清时期传统风貌的空间认知点，成为民俗展示、戏曲展演、旅游服务的重要地域。

对万家村传统街巷的保护，使街巷走向和基本形态保持历史原貌，保持街巷及两侧建筑原有尺度关系，重点保护沿街传统建筑立面形式、建筑材料、建筑色彩的统一性、连续性和视觉景观的完整性。

对万家村传统院落的保护，在对院落风貌质量、所处位置和周边环境进行综合评价分析的基础上，对传统村落分保留、整治改造、重建3类进行整治与更新。保留现状格局完整，建筑质量、建筑风貌较好的院落，对沿街界面进行整修；整治改造现状格局相对完整，但建筑风貌较差的院落，结合局部拆除更新，进行院落环境整治；重建现状格局残损严重的院落，恢复其原有的院落格局。

对万家村重点建筑的保护，加强万安楼、万安银库、菩提庵、老家庙、白业堂等重点院落组群的保护，恢复其正房、耳房、厢房、院墙、大门等建筑格局，使其宅门、门楼、屋檐、石雕、砖花构件等形态恢复原有形制，展示明清传统民居文化风格。

对万家村传统文化的保护，贯彻发掘、整理与传承并重的原则，对传统民俗、民间艺术、宗教文化、节庆表演（包括戏剧、舞蹈、踩高跷、秧歌等），进行宣传、教育、展示、继承和创新。

对万家村基础设施建设，完善给水、排水、供电、电信、供热、燃气、环卫等设施，给村民一个温馨宜居的生活环境。给水工程设施及管网避让文物及历史建筑；排水管道雨污分流；供电线路埋设地下或在建筑后墙隐蔽处理；电信缆线引入家家户户，保证全村1620部电话畅通，有线数字电视普及率达到100%；供热采用煤气和热水循环；燃气管线接入村中各用户；村内生活垃圾全部采用容器化、密闭化方式收集；在人员密集的公共场所设置与传统村落风貌协调的厕所，水冲式保洁，干净卫生。

实施项目

在2015年《规划》制定之前，万家村就重视古村保护工作。从2004年起，万家村先后对村中多个景观进行了改建、重修、整治等。

毕道远纪念馆整修　新中国成立后，祠堂办成万家村小学，后成为万家村村委办公室，四合院保存完整。2004年11月，万家村将此祠整修完毕，补墙换瓦、刷门漆柱，建成毕道远纪念馆。门前立有淄博市文物保护单位石碑。

石牌坊重立　2009年10月，万家村投资30余万元，在村南面东西两路路口立起2座石牌坊，2座石牌坊皆三门两层。

谕葬墓仿修　2012年年初，万家村及毕氏后裔决定在毕忠臣谕葬墓原地仿修此墓。村委与业主协商拆除企业房12间，改签所需占地13亩中两户厂家租赁协议，根据章丘市佛塔头村村民潘恒华在墓毁前拍下的多组照片，制定出仿建方案。王村镇政府投标办公室主持竞标，山东嘉祥华美雕塑有限公司中标，村干部同中标公司到曲阜、南京、北京考察学习。该工程投资70余万元，于2013年11月竣工，使谕葬墓恢复了当年的风貌。

菩提庵重修　至20世纪末，菩提庵仅存几间庵室，大殿摇摇欲坠，千佛阁破烂不堪，有的庵舍被改为民居。2010年，万家村引资100万元，重建菩提庵。至2017年年底，观音殿、千佛阁修复完成。各殿完成雕梁画栋、塑神铸佛，并有僧人诵经。

古街巷修整　自2016年起，万家村对中心大街和核心保护区东西大街集中整治，清除不当建构，修补粉刷沿街墙壁，在沿街墙壁上绘制壁画50余幅，介绍古村历史和文物古迹，叙述古老传说和逸闻趣事，两条大街凸显出古朴典雅的风貌。

◉ 旅游开发

旅游景观

万家村明清建筑特色鲜明，有万安府、万安银库、菩提庵、老家庙、白业堂、投豆亭、谕葬墓等历史文物古迹古址，又有玉清湖、万安溪等自然景观，还有新建的石牌坊、高公碑、乡村记忆博物馆等诸多新景。

石牌坊　万家村南面通往村里的东西两条大路口和中间部位，并列着3座庄严雄伟

赠一品牌坊（2010 年）　　王荣亨　摄

的青石牌坊。3 座牌坊皆三门两层，雕花镂兽，造型精美，气势恢宏。

3 座石牌坊是 2010 年和 2013 年按照古貌修建的。坊上的楹联咏诵村中毕氏家族棠棣竞秀、簪缨世胄的历史。东牌坊为“尚书故里”坊，亦称“万家古村”坊。毕敬德撰正面楹联“十七世诗礼门第重焕异彩，五百年孝友家风更添祥和”。毕坤德撰背面楹联“玉清山钟灵毓秀辈出良士，万安溪风光旖旎代有雄才”。西牌坊为“赠一品”坊。毕敬德撰正面楹联“三士同升发祥地，四世一品望族村”。说的是万家村明代毕自严、毕自肃、毕自寅三兄弟，二人考中进士，一人考中举人，居官后不断擢升，受到皇帝嘉奖，获“三士同升、四世一品”封赠的历史。毕坤德撰背面楹联“尽精忠明循吏国史有传，奉廉洁清良臣典籍留名”。讲的是明清两代毕自严、毕自肃、毕道远等朝廷重臣为官清正、政绩显赫，“国史有传”“典籍留名”的历史。中牌坊为毕忠臣谕葬墓“荷荫弥长”坊。毕坤德撰正面、背面楹联“国家栋梁御墨奎章封三代，社稷屏障[①]紫宸圣谕赠一品”；“箕裘克绍兰桂腾芳荣奕叶，恩霈龙函佳城启瑞护先灵”。该坊后面是置业万家村的毕氏六世毕忠臣的谕葬墓。

憩园广场　2006 年，万家村投资 30 万元，完成憩园改建一期工程，建起万盛苑古戏台，安放太湖石等景观和健身器材。2008 年，投资 30 万元，完成憩园改建二期工程，

① 社稷屏障：社稷，古代指国家。屏障，像屏风那样遮挡着的东西（多指山岭、岛屿）。明末，户部尚书毕自严殚精竭虑，开源节流，筹措粮饷，使边关将士得以饱食，抵御关外满族军队的进攻。以此借喻朝廷重臣毕自严犹如高耸的山脉，为明王朝挡风遮雨，故言“社稷屏障”。

憩园广场内拱玉桥（2006 年） 毕于琦 摄

建成投豆亭、拱玉桥、人工湖、望青山、村史碑等景观。憩园广场是古今融汇的文化广场。广场东南隅建有“光前裕后，誉载千秋”村碑，概括介绍万家村古今风貌。憩园广场既有许多现代文体设施，供村民憩息娱乐，又有许多古迹古玩。花廊种有藤萝、凌霄，花廊外种有翠竹枝繁叶茂。园中有人工湖，湖中建假山望青山，种有松柏、野花盛

憩园广场内荷亭（2006 年） 毕于琦 摄

开。拱玉桥横架湖上。

万家村乡村记忆博物馆 此馆于2016年经山东省人民政府主管部门批复修建，坐落于毕氏老家庙和白业堂原址，占地面积1438.28平方米，建筑面积350平方米，总投资360万元，由河北龙行展示文化传播公司设计施工。2017年4月落成，对外开放。

博物馆坐北朝南，馆南面建有30米长的影壁墙，墙上写“耕读传家，精忠报国”8个大字，有“笃学、尚德、勤政、清廉”为题的4幅壁画，壁两端有“承前启后，自强不息”的对联。

博物馆门前道路两侧，耸立着10根功名旗杆。竖旗杆是明清两代朝廷礼制。有人中举、当官，就在其老家府前立旗杆。中举人者旗杆上挂1个斗，中进士者挂2个斗，任尚书者挂4个斗。

10根旗杆分别是：

毕自严，明万历二十年（1592）进士，官至户部尚书，挂4个斗。

毕自肃，明万历四十四年（1616）进士，官至都察院右佥都御史、辽东巡抚，挂2个斗。

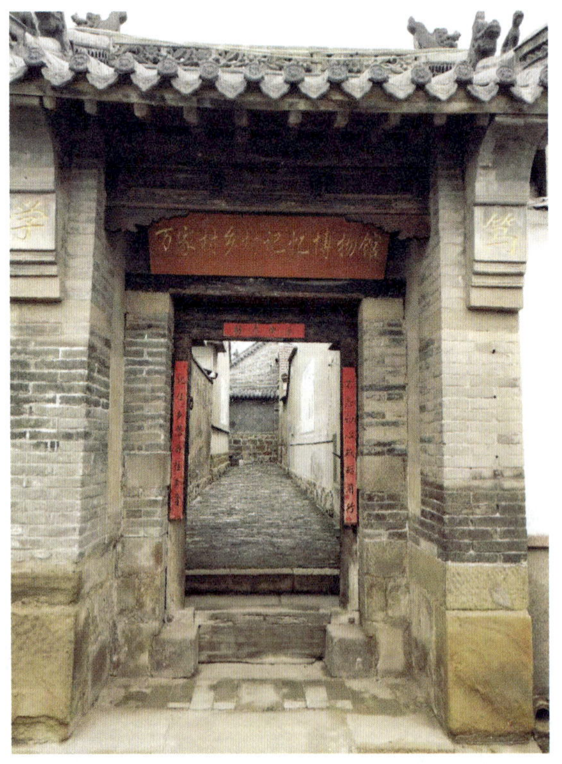

万家村乡村记忆博物馆正门（2017年）　　毕于琦　摄

毕自寅，明万历四十三年（1615）举人，官至南京户部主事，挂 1 个斗。

毕住，明崇祯六年（1633）举人，挂 1 个斗。

毕盛赞，清顺治十八年（1661）进士，官至芮城县知县，挂 2 个斗。

毕盛青，清顺治十八年进士，官至中书舍人赣州府同知，挂 2 个斗。

毕世持，清康熙十七年（1678）举人，挂 1 个斗。

毕世济，清雍正七年（1729）举人，挂 1 个斗。

毕海模，清乾隆十八年（1753）举人，挂 1 个斗。

毕道远，清道光二十一年（1841）进士，官至礼部尚书，挂 4 个斗。

展馆设 7 个展室，分别展出村史、族史、人文、民俗、古迹、文物、杂物等，将万家村的传统文化、家族文化、风土民情、民间艺术、衣食住行、生产经营等进行综合展示。展馆图文并茂，器多物丰，设计精当，布局合理，浓缩了万家村的发展脉络。

公高亭　华夏毕氏始祖公高碑亭坐落在万家村乡村记忆博物馆对面，位于万安溪北岸。2010 年春，经省内外毕氏后裔联谊会商定，在此修建此亭。碑亭青顶红柱，斗拱飞

公高亭（2010 年）　　李景花　摄

檐。亭前广场宽阔整洁，绿树成荫，广场南侧有流水。亭内的公高碑高 4 米，宽 2 米。碑正面上方刻有毕氏始祖公高画像，像下有“华夏毕氏始祖高公”8 个大字。碑阴的铭文记载毕氏起源及发展历史。毕坤德撰亭前楹联“佐武兴周奠定八百载基业，封毕授姓肇始三千年辉煌”，毕德祥撰亭后楹联“始祖功勋如日月经天永存，先贤业绩若江河行地长流”。始祖碑亭旁边有各地毕氏始迁祖碑若干块，记载毕氏瓜瓞繁衍、枝分叶布的历史。碑亭建成后，全国众多毕氏后裔到此寻根问祖，归宗联谊。每年寒衣节（农历十月初一）的祭祖大典在此举行，黑龙江、云南、河北等地的毕氏族人赶至祭奠。

万安溪 万安溪是流经万家村的风景河。它发源于邹平县卧牛山西麓，绕万家村西北至村西南，汇入响水河。2009 年，在新农村建设和生态环境治理中，万家村先后投资 90 万元，开始治理此溪，挖河道、清泥沙、护岸坡、砌护栏、植岸柳、建石桥、硬化道路、安装路灯，使万安溪旧貌换新颜，成为王村镇一带的风景区。

玉清湖 玉清湖位于万家村村北，由 5 个小湖泊汇聚而成，湖水深广、清澈见底，是天然氧吧。经过多年开发，发展为儿童亲水游乐场、成人泳池、泛舟戏水、湖水生态园、露天宿营地、生态大棚采摘园、农家乐餐饮园等休闲场所。

旅游服务

游客接待中心 坐落于万家村中心街南段，邻省道 102。其房屋呈明清古建筑风格，占地面积 775.5 平方米，建筑面积 150 平方米。接待中心集景点售票、宣传推介、导游服务、集散换乘、咨询投诉、餐饮住宿、演艺购物、监控监管等各项功能于一体，为游客提供游、购、娱、吃、住、行全方位服务。

万家建筑群文物保护规划（2014 年） 李景花 摄

停车场 位于万家村乡村记忆博物馆南面广场上，能容纳20辆大客车、50辆小轿车，停车场内设有监控探头和太阳能照明设施。

旅游线路 东牌坊—游客接待中心—菩提庵—乡村记忆博物馆—高公碑亭—万兴桥—毕忠臣谕葬墓—中牌坊—西牌坊—万安溪—玉清湖—憩园广场。游客全程游览步行需4个小时。

厕所 景区建有3座旅游厕所。最大的一座建在停车场旁的万安溪南侧，有跨河桥（万兴桥）与停车场相通。厕所设无障碍通道、感应冲水，清洁卫生。其他2座厕所建在游客接待中心和憩园广场。

农家乐 中心街东侧和市场街西侧建有2处农家乐。业主以自家房屋为经营场所，以家庭成员为营业主体，具有规模小、环境好、成本低、价格廉、经营灵活的特点，让游客体味到独具特色的乡村餐饮文化。

积厚重光影壁墙（2017）　　李景花　摄

毕氏家族

淄西毕氏家族是孝妇河畔明清两代绵延500年的官宦世家，也是齐鲁大地上的名门望族之一。毕氏家族世代传留着优良的家风和家教，历代先祖修身齐家，立德树人。六世毕忠臣迁居万家村后，设塾延师，督责子孙勤苦读书。自第八世始，即科甲蝉联，走向仕途。七世毕木8个儿子中，有进士2人、举人1人，其他为青衿（生员）。至清末，家族中先后有进士5人、举人12人、生员数百人。入仕授官者从一品到九品有上百人。

◉ 家族源流

始迁祖 据明万历十三年（1585）初修的《淄川毕氏世谱遗记》记载，金元两朝，因天灾和战乱，人们开始不断迁徙。其间，淄西毕氏先祖从河北枣强迁至益都县（今淄博市博山区）石塘坞定居，先祖毕璿生有3个儿子为长子敬贒，次子敬贤，三子敬贵。

明洪武初年，社会初步安定，百年战乱、瘟疫和灾荒之后，山东大地人烟稀少，十室九空，地荒无主，朝廷大规模地实行移民政策。毕敬贤不甘久居偏僻闭塞之地，便多处寻找适宜创业的好地方，经多地考察之后，确定崔家庄为适宜的地方。“……乐地无主之际、纵志游览，至西铺古名崔家庄者，爱其风土，划地为业，筑土为宅。北倚长白，南面豹山，东西贯淄（淄川）省（济南）大路，土厚溪清，可桑可稼”。于是，从石塘坞（今山东省淄博市博山区石炭坞）迁居崔家庄（今淄博市周村区王村镇西铺村），开创家业。其兄敬贒后迁居博山神头，其弟敬贵仍居原籍。因毕敬贤从石塘坞迁至此地，故淄西毕氏后人尊称其为“石塘翁”。西铺地处淄川县最西部，又属正西路，淄西毕氏家族兴旺发达之后，为区别其他地区的毕姓遂称“淄西毕氏”。毕敬贤为淄西毕氏的始迁祖。

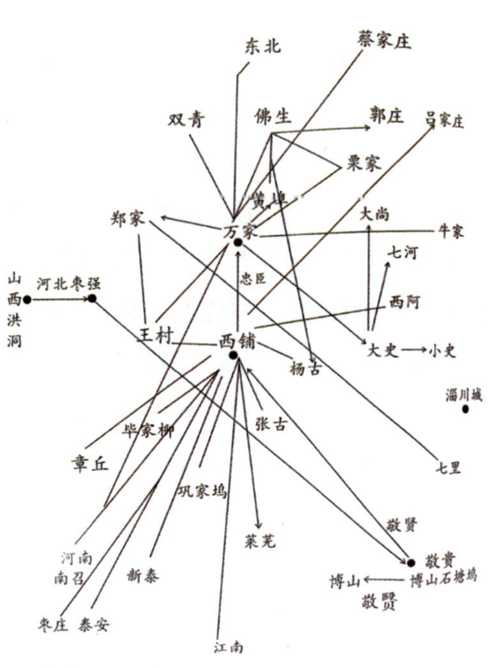

淄西毕氏迁居概略图

别业万家 经过几代人的勤笃经营，至淄西毕氏第五世毕恪时已家业饶裕。毕恪生有5个儿子，第四子毕忠臣于明嘉靖年间（1522—1566）购买了万安府第和土地财产，从西铺迁居到万安庄（今万家村）。此后，淄西毕氏家族人丁繁盛，家业扩大，耕读起家，科举入仕，万家庄成为毕氏家族的发祥地。

◉ 家族传承

世系 始迁祖毕敬贤生有3个儿子，为士宽、士敏、士全。第三世有清、浩、揽、胜、贵。第四世有资、敖、鸾、信、圮、云、成、满、振、梁、檩、柱、富、奉、腾。其中，三世清生资、敖。资生3个儿子学、伦、文；敖生3个儿子恪、怀、悦；鸾生3个儿子纯、虎、豹；信生2个儿子海、韶，此为第五世。在第五世中以伦、文、恪、怀、悦支系人丁兴旺。其中，以恪支人丁繁衍快，家业发展最盛，使其家族成为望族。据《淄川毕氏世谱》记载，五世毕恪，少小读书力田，承先世遗业，独自支撑，严肃家政，种桑养蚕，亦商亦农，遂拓振家声。又以德行著闻，被乡民推举为淄川县正西路忠信乡保正。忠信乡时辖100余村，地域广大、人口众多，然而毕恪“凡婚社宴会，非公首座则席不重，巍然为一方之望”，显示他是当地一位享有一定社会地位的乡绅。

外迁及分布 毕恪生有5个儿子，迁、政、直、忠臣、忠敬，为六世。

六世毕忠臣迁居万家庄后，最初只有毕氏族人聚居。他在为7个儿子分家时命各居一村，除长子毕檠居东万庄、六子毕木居西万庄外，其余陆续外迁。次子毕架居栗家庄，三子毕从居南铺庄（西铺），四子毕林居黄埠庄，五子毕树居王村村，七子毕本居郑家庄，房舍土地各有定宇，兄弟相互协助，奋力拓展。随着各支人丁增加，家产不断扩大，在淄西地区，毕氏族人聚居就有10余村，散居几十村；有各种作坊、店铺、庄园等10余处。后因谋生、经商等需要，族人外迁的范围也由近及远，分别向王村、大史、小史，今邹平县临池镇佛生、郭庄、双青庄、吕家庄、蔡家庄，淄川区牛家庄、小七庄等周边村庄迁居，并陆续向章丘、莱芜、新泰、沂源、枣庄、聊城、菏泽、河南省南召县、江西、北京及东北地区等徙居。1943年，山东连年遭遇大灾荒，大批族人随之融入“闯关东”的人流而徙居黑龙江等地。20世纪80年代后，随着改革开放，人们的工作、生活范围迅速扩大，万家村外迁的族人遍布全国各地。

淄西毕氏家族繁衍生息500余年，已传至26世，族众近万人。方圆六七十里内，毕姓居民散布于20余个村。

世谱续修 七世毕木参照残存的旧家堂轴，于明万历十三年（1585）创修《淄川毕氏世谱》，并在《遗记中》制家训、定辈字、立家规等。其后，历代子孙9次进行续修，使毕氏世谱不断规范、有条不紊、世代相承。

明崇祯六年（1633）九月，八世毕自严第二次修续世谱并付梓，强调修谱要审慎。同时期，毕自寅辑有《毕氏家乘》刊行于世。

清康熙二十九年（1690）二月，九世毕际有在第三次修世谱时，制定《凡例十二则》。为弥补女不入谱的缺失，对出嫁之女另辑编副世谱《淄川毕氏东床录》。在续修世谱的同时，毕际有根据父辈在朝为官时及自己任职中，所结识的全国各地毕姓宗亲为官者，加修《毕氏通谱宗支》，追述华夏毕氏溯源列举历朝历代的毕氏闻人等。

清雍正八年（1730）三月，十世毕盛镐主持第四次修世谱，对谱中重名者加以核对。清乾隆四十一年（1776）十月，十一世毕世济第五次修世谱。清嘉庆十二年（1807）二月，十三世毕岱坚第六次修世谱。清道光十二年（1832）八月，十四世毕奎麟第七次修世谱。清咸丰十年（1860）十二月，十五世毕荔芳第八次修世谱，清光绪十三年（1887）由毕道远捐俸100两，以助十五世毕蕤芳第九次修世谱。同时，毕道远再次续修《毕氏通谱宗支》。

1923年8月，十六世毕抚远第十次修世谱。

《淄川毕氏世谱》中的谱序、凡例、渊源、家训、辈字、世系表、支派迁徙及人物传记中的品德、科贡、宦绩、艺文、皇帝敕诰封等，都准确详细予以记载。

在《初修淄川毕氏世谱遗记》中，毕木明确记述“不虚美、不隐恶，死可起质，生可面论”，要求尊重事实，客观公正，善恶皆录，以后续谱皆要遵之。

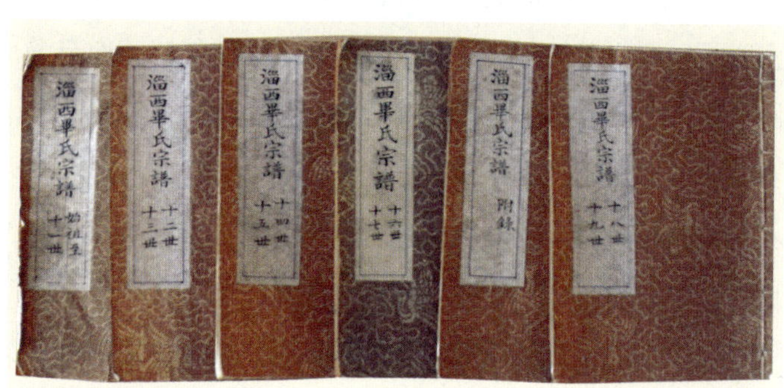

毕氏世谱　　毕于琦　摄

《淄川毕氏东床录》《毕氏宗承》弥补了世谱的不足。《毕氏通谱宗支》的编修成为全国各地毕氏宗亲通启辈分的重要依据和之后编修《华夏毕氏通谱》的宝贵史料。《淄川毕氏世谱》自第十次续谱后至2017年，已90余年未续修。自2008年始，已陆续有大史、牛家、小七、西铺等村的毕氏分修支谱。2017年，在毕氏联谊会的倡导下，万家村启动续修《淄川毕氏世谱》的工程。

家族架构

老七支少八门　淄西毕氏六世毕忠臣幼年时饱读诗书，年少有文名，曾被淄川县聘为“邑掾”（文字助理）。壮年后，辞职回家务农，匡正家风。为开创家业，遂购置被充公的万安家产，迁居万家。在农耕之余，设私塾延师，督责子侄明经登第。因他善行一方，被乡民推举为“善人”，名列县衙的旌善亭中，被后人称为“善人翁”。他有7个儿子：毕檠、毕架、毕丛、毕林、毕树、毕木、毕本。其中，毕木儒官，封文林郎、松江推官。因子自严贵，累赠光禄大夫、太子太保、户部尚书；毕本为冠带武生外，其余5位皆为省祭官。此支便是老七支。

毕忠臣的第六子毕木生有8个儿子：毕自耕、毕自耘、毕自慎、毕自严、毕自裕、毕自寅、毕自强、毕自肃。其中，毕木有3个儿子登第入仕（二进士、一举人），其余为贡生、庠生、廪生，授为儒官，所以毕氏后人称为“少八门”。

家产家业　毕忠臣不断从附近村庄购置宅田，使家业扩大。分家时，诸子各居一村。后经发展，田产达60余顷。其中，毕木居西万庄老宅，他的8个儿子合力拓展，将家产家业推向高峰。毕自严、毕自寅、毕自肃入仕后，良田达3000余顷。在毕氏家族一份分家文契中记载，当时，其家产土地，东起淄川县城西的苏相桥，西到章丘县胡山脚下，北达白云山南麓和东麓，东到宁家豁口，南至淄川黄家峪，章丘毕家柳等，方圆可达六七十里。在临池、郑家、西铺、王村、大史、西阿、栗家，淄川县城、济南、泰安、曲阜等地，建有多处府第、楼宇、别墅、园林、作坊、店铺等。

万家村保存至今的古建筑有中丞府、二舆园、拱玉园、堡子城遗址、万安桥、菩提庵、老家庙、八支家祠等诸多名胜古迹。自2003年开始，万家村修复许多古建筑。

联姻名门　在《淄川毕氏世谱》和《淄川毕氏东床录》中，记载与毕氏家族联姻的多是书香门第的官宦人家和豪门富户。王培荀的《乡园忆旧录》及《蒲松龄文集》中蒲松龄代毕家写的婚契等史料中也有记载。淄西毕氏与新城“四世宫保”的王士禛家族“无世不联秦晋”；与博山赵执信家族“因亲而作亲”；与淄川城里高珩、王鳌永，与长山县古城李化熙，与周村刘鸿训，淄川张敬，博山曾历任兵、户、吏三部尚书的阁老孙廷铨，以及王村镇苏李村王教、李家疃村王宣化、王村富豪牛氏，章丘旧军大商人孟家等大家族都有联姻关系。

家族文化

清末礼部尚书毕道远曾为毕氏家祠撰写一副楹联，“十七世诗礼门第，五百年孝友家风”，概括了毕氏家族的家风和家教。

孝亲善友 孝亲善友、乐善好施、立德树人、诗礼传家是毕氏家风的精髓。毕氏历代先祖重视孝友家风的培养和传承，亲力亲为，言传身教。在《淄川毕氏世谱》和《石隐园藏稿》中记载，七世毕木孝亲善友，终生不渝。事父母竭力承欢，父母病，药必先尝，祈祷必虔，昼夜不离。父母去世后，他创立先祠，绘制父母像悬于先祠内，把自己的画像挂于一侧，像父母生前一样侍奉父母。他建主奉祠，供奉先祖神位。兄弟分家立业时，毕木尊兄友弟，把分得的西铺较好的家产让与三兄，而换居较差的西万庄；又将自己的部分家产分于七弟，帮助其谋生，并会同众兄为七弟在郑家庄建盖六合楼等。毕木中年时，家族连遭不幸，他挺身而出，处理家事。毕木以身示范，子孙耳濡目染，使孝友家风，绵绵传承。

清道光十七年（1837），省学政从生员中选拔优秀者到国子监学习，被选拔上的即为拔贡。拔贡可免除乡试竞争举人一关，而直接参加会试，进而取得直接放官的资格。按规定选拔贡生每 12 年才有一次，且每县只能选 1 人。在选拔考试中，毕道远位居淄川县第一名，他的同宗兄长毕远翱居第二。当时毕远翱已近天命之年，若再失去此次拔贡机会，则会终生与仕途绝缘。毕道远以兄弟情谊为重，将拔贡名额让于族兄，毕远翱终被候选教谕。百余年来，毕道远礼让拔贡之举，在族间传为佳话，毕道远被尊为楷模。

乐善好施 淄西毕氏先祖传承着乐善好施，修善积德的家风。他们架桥、修路、修寺建庙、救济穷困乡亲，受到乡民称赞。

六世毕忠臣待人宽厚，先后将 3 个孤女抚养成人，择婿资嫁如亲生女。邻里有难，他解囊相助，对远出无资回乡者，他多次出资帮助其还乡。

七世毕木，不忘乡里贫寒的人。遇灾年荒月，庄里乡亲向毕木借粮借钱的契券达数百张，他烧掉契券，并说“余愧无厚积以大庇天下饥寒也”。他周济乡党，外地落难的人流浪到此，他妥善安置，给以衣食住所。

王村村东头的炳灵公庙为宋代所建，历久年长，庙宇毁损，也无主香者。毕忠臣捐财买下庙前6亩土地以作庙资。万家庄东南的庙宇原为一间草房，他改建为3间瓦房，定名菩提庵。他捐出土地作为庙产，并捐专款派人到南京印刷佛经，存于庵中，同时请僧人、尼姑住在庵内诵经做法事。其孙毕自严于明天启年间（1621—1627）在殿前加修千佛阁及左右的文昌、文殊二殿，又修观音殿，并出资铸铜佛200尊置于阁中。

明万历十三年（1585）四月，毕檠、毕树、毕木等捐资对炳灵公庙进行维修。万历年间（1573—1620），毕自严捐资重修殿宇，为炳灵公庙重塑金身，并增修“关帝祠”，塑其像，书“关帝祠”碑额。清康熙九年（1670）四月，毕际有与毕际竑等兄弟商定，邀集家族乡党捐资维修，次年完工。清康熙十四年（1675）六月，毕际有、毕际竑等捐资在炳灵公庙东南部扩建“土地神祠”，书“土地神祠”碑额，另建正殿3间，大门1座、廊房12间，3年竣工。

解甲归田后，毕自严出粟200石，在王村设义仓，作为饥馑之年的储备粮，并捐修因地震而塌毁的淄川县城百米城墙等。

明崇祯十一年（1638），毕自肃的王夫人率三子同族人在万家庄西修筑一处宅院，后称“堡子城”，曾使众多乡民多次避难于此。

清光绪五年（1879），时任户部侍郎、仓场总督的毕道远捐银，重修菩提庵中的观音殿、千佛阁、土地祠、关帝祠，扩建碧霞元君殿等。1925—1940年，多位族人为菩提庵或捐佛像，或捐经书，或增盖僧舍，或募修淄省大道，或捐修大兴教寺、文昌阁、青云寺、豹岩观、长白山碧霞元君宫等。

制家训 为使家风家教规范世代传承，毕木在创修世谱时制定毕氏家训，“承前谟，不居间、不放债、不攻煤井；愿后世，学吃亏、学认错、学好读书”。遵循圣贤“修身、齐家”之道，总结家族在发展史上的成功经验和沉痛教训，要求毕氏后裔要遵从先辈的谋略，在为人处世中反对居间取利，坚持做人原则，不在双方中间做“掮客”，坚决不放高利贷，不能因攻煤井牟利争财，而相互争斗，致死致伤等，希望后世子孙学会吃亏，宽厚忍恕，学会认错并知错就改；人人要学好读书，才能知书达理；增长学识才

毕氏族训　　　　王荣亨　摄

干。要从各方面修身养性，成为道德高尚、行为端正、知识渊博、忠国爱民的人。

定辈字　七世毕木创修世谱时立足毕氏兴家立业的实际，制定 32 辈字，并从第八世开始启用——

自际盛世　海岱丰宁　远承先德　于耜研经

洁白家第　昭旷堂亭　温良恭俭　苗裔嗣铭

其释义为：

自际盛世：吾族迁淄，国内大定，欣逢盛世。

海岱丰宁："海岱"指江山，意思是国家丰裕，社会安宁。

远承先德：后人一定要继承先辈的优秀品德，立德树人。

于耜研经：在以农耕为本的同时，不忘读书、研究学问，即耕读传家。

洁白家第：无论做官为民，都一定要保持家世清白无瑕。

昭旷堂亭：亭堂明亮、宽敞、清朗，要有所作为，以光宗耀祖之意。

温良恭俭：为人处世要温和善良，恭敬有礼，生活俭朴。

苗裔嗣铭：后代子孙要世代铭记不忘。

义方教子 毕氏家族重视家教，历代先祖通过设家塾、兴学育人，用修祠堂、祭先祖、修族谱、立家训、定辈字、传家规等形式完善家教制度，努力使子孙忠厚传家，诗书继世，使其“居为良士、出为良臣”。

毕木把旧塾扩建为3间，题名“白业堂”，拟对联“积善修白业，读书养道心”。在塾屋内张挂诸多名言警句，“为子孙法”。为使诸子专心读书，谢绝宾朋到访、关闭家门，授课并加以辅导，检查批阅诸子的功课、文章。为使诸子全面发展，“每为儿曹延师，务求高明”，他曾延聘2位性格和学识各有特长的先生共同教授诸子。一位是循规蹈矩、作风严谨的黄柏林先生，负责教授经史、策对等基础课，做到“日有课程、文有定数”，一丝不苟。另一位是豪放不羁的高捷先生，负责教授吟诗作词、为文，并开设琴棋书画等课。

毕木把品德教育放在第一位，在家中的二舆园建1座“投豆亭”，以善事恶念分投黄豆、黑豆的方式，率先垂范，省身自律。他在白业堂之西创修家祠，并在家祠中设置“责善簿”，用来记录诸子平时的学业、德行表现，给以奖惩，使诸子“痛自砥砺”。对犯了大错的人，则在列祖列宗前“痛挞之，以儆效尤”。毕木严格教诲儿子要为官清廉，出为良臣。《石隐园藏稿》中记载，毕自严中进士后，毕木提醒儿子“祖宗积德，累世发祥，汝宜树自厚，不者，遗泽自此断矣”。当毕自严赴任江南松江府推官时，他书赠三字箴言“清、慎、勤”。毕自严在推官任上时，他在信中告诫儿子，“松江是个膏腴之地，且记勿贪，不可有辱祖宗”。

毕氏家教提倡女童入塾读书，使不少毕氏女子知书达理，出嫁后不仅成为贤妻良母，而且能为子之师。毕氏家族重视家风和礼仪教育的传承。十七世毕盛鉴搜集生活中方方面面的礼仪和禁忌，编写成《毕氏庭训》《毕氏阃范》，让后代阅读，成为礼仪教育的“范本”。同时长辈注重幼儿教育，凡遇婚丧嫁娶及重大活动都会带稚童参加，让他们从小感受家风和传统礼仪。

祭祖 毕氏先祖向来把祭祀先祖作为族间大事，一代代传承下来，祭祖活动隆重。

祭祖分为祠祭和墓祭。在万家庄，有毕木创修的老家祠和毕道远捐修的八支家祠。在八支家祠里，供奉着八世毕自肃的神位。岁时朔望主要是八支的族众到祠中瞻拜。除此之外，每年的寒食节、中元节（农历七月十五）、寒衣节（农历十月初一），或有重大喜庆之事都要举行祠祭。

墓祭同祠祭一同进行。毕自严第二次修谱时，在《谱序》中写道："又于每岁良月朔日，大会族属，封牲举祭于列祖诸父之墓。"墓祭分为春、冬两祭（即清明节、寒衣节两祭），后逐渐沿袭为每年寒衣节一次大型墓祭活动。墓祭所需经费由祭田收入中支付，不足部分由族间集资。

淄西毕氏有 3 处谕葬墓位于万家村域内，墓祭活动依次分支派进行。橡子墓田是毕氏先茔，淄西毕氏族人都要参加墓祭。老墓田墓祭，凡属"老七支"的族人必须参加。玉清茔墓祭，则由"老六支"的族人参加。赐阡茔属"少四门"一支祭祀。毕自肃墓在章丘袭家庄西（称西茔），属"少八门"一支祭祀。

祠祭和墓祭按各支系分为值年、值月，选派执祭人、主祭人，分工明确轮流当值。对祭期、祭品、祭拜礼仪、祭器的分管、祭后祭品分配，祠堂和墓地的维护维修及管理人等都有严格的规定。旧时，祭品除整猪整羊外，还有必备的"莲心菜"（藕），意为敦宗睦族。祭祖程序有上香、领祭、宣读祭文、奠酒、叩首、焚楮（烧纸钱）、鸣放礼炮等。祭祀完毕，按各支派参加祭祖的男丁人数分发祭品。为进行礼仪的传承教育，祭祖提倡带男孩参加。

至 20 世纪 50 年代末，祭祖活动终止。自 2003 年始，毕氏家族陆续维修玉清茔，修建毕道远纪念馆，修复毕忠臣谕葬墓等，恢复祭祖活动。每年以寒衣节祭祖大典最为隆重，村内和周边地区的族亲参加，黑龙江、云南、河北等地族亲也远道赶至寻根祭祖。经山东省内外毕氏联谊会商定，2010 年 4 月，在万家村建成"华夏毕氏始祖公高碑"，同时立起"华夏毕氏一家亲"和部分地区"毕氏各支系的始迁祖及辈分对照表"碑。

◉ 从政致文

科举入仕 自明万历年间（1573—1620）至清朝末年，万家村毕氏家族科甲蝉联、授官、从政者，从一品至九品有数百人。明万历年间，相继有毕自严、毕自肃中进士，毕自寅得举人，后毕自严官至户部尚书，毕自肃官至辽东巡抚，毕自寅官至南京户部广东司主事。清顺治年间（1644—1661），毕盛青、毕盛赞中进士。清康熙十七年（1678），毕世持乡试解元。清道光年间（1821—1850）毕道远中进士，官至兵部、礼部尚书。万家村毕氏家族先后出了 5 名进士，2 位尚书，12 名举人，生员数百人。

致文著述 淄西毕氏有着绵长的文学传统，世称诗礼门第。

七世毕木在创修《淄川毕氏世谱》时，制定家训，其中有“学好读书”一条，所以“好读书”成为世代的优良传统。毕木勤于文学，他的诗词、歌赋、文章并未留存，书稿曾因失火而焚。后毕自严、毕自寅等搜集整理成《黄发翁全集》4卷，刊印成书。

毕自严在从政之余，一生创作了350多卷诗文、奏章等，著有《石隐园藏稿》8卷，《抚津督饷抚留宪留计共疏草》19卷，《度支奏议堂稿》20卷，《各司》98卷，《选定古文尚友编》100卷，《古今四时绝句》100卷，为八弟毕自肃在巡抚辽东任上的奏疏整理为《抚辽荼语》等。

毕自寅“天资聪颖，过目成诵，有神童之称，十三岁游泮通场无与作论者，督学者奇之”。罢官归田后，构筑拱玉园，每日与文朋诗友在园中吟诗作赋。他著有《拱玉园诗集》《志隐集》《选石斋集》等，辑录《毕氏宗乘》。

毕自肃著有《辽东疏稿》4卷，是研究明崇祯初年国家军事、政治等方面的史料。毕自肃的长子毕际竑晚年著有《讷庵痴说》，将其一生的经历、体会在书中倾诉，是研究明末清初淄西社会动荡情况的参考资料。

毕际竑的孙子毕世持和曾孙毕海珖在诗歌、书法创作等方面也有较大成就。毕际竑的堂叔兄弟、子孙三代110余人中，人人都能信口吟诗、提笔为文。

毕世持是清康熙十七年（1678）乡试解元，他参加乡试的文章曾广为传诵。与德州的马廷槐、博山的赵执信并称“三先生”。他擅长歌行体、七言绝句。他小蒲松龄9岁，与蒲经历相近，志趣相同，又是挚友，故有“小蒲松龄”之称。蒲松龄搜集了他的部分

万家村毕氏明清两朝主要科举功名表

表2

朝代	姓名	科举	官职
明	毕自严	万历进士	光禄大夫、太子太保、户部尚书（正一品）
明	毕自肃	万历进士	都察院右佥都御史、辽东巡抚（正二品）
明	毕自寅	万历举人	吴桥知县、南京户部主事（正六品）
清	毕盛青	顺治进士	翰林院中书舍人、赣州府同知（正五品）
清	毕世持	康熙十七年解元	
清	毕道远	道光进士	光禄大夫、仓场总督、兵部尚书、礼部尚书（正一品）
清	毕昌绪	拔贡生	遵化知州、河间府同知（正五品）
清	毕道远	道光进士	中河通判、河南同知、加四品、授中宪大夫
清	毕念承	荫生	工部郎中、安徽池州府知府、授通奉大夫（从二品）
清	毕颖光	荫生	刑部江苏司主事（正六品）

诗作，辑为《困佣家草》。毕世持的三子毕海珖，邑诸生，号涧堂，善书能诗，被《国朝山左诗钞》收入 17 首诗，著有《涧堂诗草》。

清光绪年间的礼部尚书毕道远著有诗文《东河集》《致用堂集》，且为清末四小书法家之首。《淄川毕氏世谱》人物传记中，毕氏家族中善翰墨者众多。毕木，工真草书；毕本，能小诗，工绘事鼓琴，擅长山水、人物画；毕际廉，著有《芳园诗草》；毕盛钜著有《石隐园唱和集》。其中，与蒲松龄诗文酬唱的有十余人，如毕世持、毕盛统、毕盛钰、毕盛钥、毕盛鉴、毕盛钧、毕盛铨、毕盛赞、毕盛让等。清咸丰年间（1851—1861）的毕远烯、毕咨远、毕骏远等都有诗作文集。

毕道远的六世外孙女中国残联主席张海迪，著有长篇小说《轮椅上的梦》等十几部作品。曾任山东省作家协会副主席，毕自严的十四世孙毕四海，其代表作《东方商人》被拍成电视剧。

毕氏出版物

〔明〕毕木著《黄发翁集》 毕木（1537—1601），字子近，号舜石，晚号黄发翁。《黄发翁集》有诗、词、歌、赋、文、曲等，计 150 余篇，包括游历、家政、修身、教子、交友等内容。毕木去世后，其子自严、自寅搜集其散轶的文稿，辑为 4 卷，刊行于世。

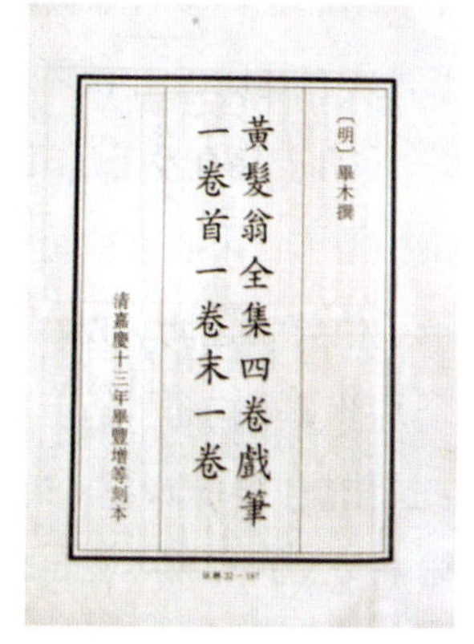
〔明〕畢木撰
黃髮翁全集四卷戲筆一卷首一卷末一卷
清嘉慶十三年畢豐增等刻本

《黄发翁集》

〔明〕毕自严著《石隐园藏稿》 毕自严（1569—1638），字景曾，号白阳。明万历二十八年（1600），兄弟分家居西铺村。《石隐园藏稿》是毕自严于明万历、天启、崇祯年间的著

《石隐园藏稿》（校注本）（1～4卷） 李景花 摄

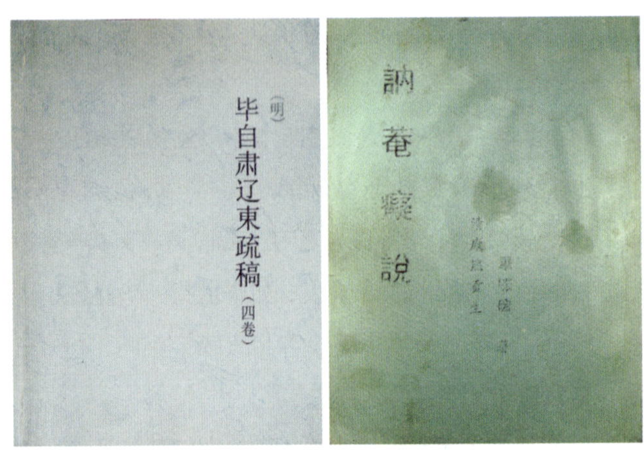

《毕自肃辽东疏稿》　　《讷庵痴说》

作，记述了40余年从政历程和晚年境遇。书稿有诗词、奏疏、文稿、传记、度支、书信、墓志铭等多种体裁。2010年，毕氏族人集资15万元，经中国聊斋文化研究院副院长蒲泽校注后，由中国文联出版社出版发行。

〔明〕毕自肃著《辽东疏稿》 毕自肃（1580—1628），字范九，号冲阳。《辽东疏稿》是毕自肃明崇祯元年（1628）就任辽东巡抚期间的奏疏，共4卷计25篇。疏稿禀报了他整饬边防、发动军民修筑辽东五城、御敌守边的政绩和户部权奸从中作梗，4个月不发军饷而引起士兵哗变的事实。

〔清〕毕际竑著《讷庵痴说》 毕际竑（1615—1687），字孟议，号讷庵，著有《讷庵痴说》。主要内容包括家族的科举、仕途、家政、家教、修身、孝悌，作者的善行义举、家庭的遭遇，明末的人事、赋税、徭役，李自成部下的掳掠，清兵入关后的敲诈勒索等。

毕先德著《难忘的岁月》 毕先德（1927—2013），曾用名毕宝先。1945年参加革命，1966年转业，1982年离休。2006年出版以战争为主要题材的回忆录《难忘的岁月》，记述参加济南、豫东、淮海、渡江战役和解放上海、南下解放福建等历史事件中的战斗经历和转业后的生活经历。

风土民情

万家村历史悠久，文化资源丰厚，立德树人、孝亲善友和岁时节俗等流传已久的风俗礼仪潜移默化地影响着村民的生活。村民在繁忙的生产之余，开展文艺、戏剧、体育等文化娱乐活动，丰富精神世界。

◉ 特色礼仪

万家村有许多祖传礼节。历代先人建规立矩，克己复礼，约束自己和子孙后代的视听言行，形成良好的礼仪品节。

制衣礼 明户部尚书毕自严登第入仕后，清正廉明，政绩卓著，多次受到皇帝的褒扬、封赠。其母诰赠一品夫人，钦赐“凤冠霞帔”。万家村人世世代代见贤思齐，逐渐形成子女成才、成名后为父母制作新衣的一种特殊礼仪。延续到现代，村中有谁考取学位、仕途晋升或者经商成功，得到第一笔工资和薪酬，要先为父母购置一身新衣服，形成村中的“制衣礼”。

敬老礼 村中有一个“老人吃饭用大碗”的敬老礼仪。平日做饭，晚辈要单独为老人做好吃的，且用大碗给长辈盛饭，自己用小碗。“大小碗”体现的是长幼有序。此风俗在万家村居民家中世代传承，习以为常。

称呼礼 明太子太保、户部尚书毕自严之父毕木为使行辈不乱，昭穆明晰，制定“毕氏三十二辈字”。自此毕氏后裔按辈字起名，成为族规。族人间辈分清晰，称呼毫不紊乱。长辈称呼晚辈为“爷们”，或直呼其名。晚辈对长辈尊称即使比自己年龄小的也不能直呼其名。

清光绪年间（1875—1908），礼部尚书毕道远回村省亲，族人们到其家中探望。毕道远将族中长辈请入正堂，扶座上宾，称叔道祖，不失一礼。村中老人常将此事教诲子孙，使后人尊老敬亲，守规蹈矩，形成严格的“称呼礼”。

祭品礼 万家村人尤其毕氏族人，视祭祀祖先为大事，每年清明节、中元节（农

淄西毕氏祭祖仪式（2013年） 毕于琦 摄

淄西毕氏特色供品（2013 年）
毕于琦　摄

历七月十五）、寒衣节（农历十月初一）、大年三十，以及祖先的祭日，必率子孙共祭祖先。祭品讲究，除牲醴果蔬外，还有一道特有的供品——莲藕。人们从河塘里挖出鲜藕，洗干净，切成薄片，撒上白糖，做成“莲生菜”，摆在供桌中间。村民们用莲藕供奉祖先，有家族兴旺、蓬勃育生之意，又有阖家连心、藕结丝连之情，同时有清白高洁、一尘不染的寓意。

◉ 节日风俗

春节　俗称过年、过大年。万家村人重视春节，形成许多独特的风俗。腊月最后一天为“除日”，晚上叫“除夕”。除日这天，家家贴春联。春联内容丰富，多是祈求、赞美、歌颂的华丽偶句。随着生活水平提高，现在家家门口挂大红灯笼，节日气氛更加浓厚。除日午时，请过世祖先回家过年（请老祖）。将祖先轴子（装裱的本支族谱）悬挂在中堂，方桌上摆香烛供品，点燃香烛到村头朝自家祖先墓田方向揖拜，默念请祖先回家过年。把祖先请回家享飨以后，全家人依次祭奠叩首。尔后，由家中长者擎香，率子孙把先祖送出家门，烧纸泼酒，叫“送老祖”。除日傍晚，燃放爆竹，“守岁”开始。阖家欢聚一起包饺子、做菜肴、吃团圆饭，饮酒叙旧，共话一年的艰辛与吉庆。旧时，万家村人“守岁”忌讳很多，多带有迷信色彩。新中国成立后，忌讳渐成历史。从 1983 年开始，边饮酒叙旧，边观看中央电视台春节联欢晚会，成为人们主要文化享受。春节夜里天不亮，大人小孩就起床漱洗，换上新衣。先摆供品祭祀天地和各路神祇，然后煮水饺吃饭，饭后燃放爆竹，烧香纸，“发钱粮”，送神祇之后开始拜年。旧时万家村人拜年习俗隆重，首先家中晚辈给长辈拜年，要给长辈磕头。平辈互相问好，长辈给儿童压岁钱。新中国成立后，此类习俗

元宵节演出（2015 年） 毕于琦 摄

节日“扮玩”活动（一） 毕于琦 摄

“扮玩”活动（二） 毕于琦 摄

逐渐消失。改革开放以后，青年人多通过电话、短信、微信、视频拜年。万家村人串门拜年的习俗，仍未改变。

元宵节 农历正月十五为元宵节。万家村人过元宵节挂彩灯、猜灯谜、吃元宵，寓意合家团圆，幸福美满。村里年年都“扮玩”，踩高跷、玩龙灯、划旱船，不但在村内自娱自乐，还到外村“串演”。村委会请专业剧团到村演出，丰富春节文化生活。

旧时，万家村有过“十六日”（正月十六）的习俗。当天早晨，家里人挑来清澈的河水，舀在锅里，放上小麦、绿豆、小米、高粱、大豆，做成“五色饭”。据说吃了五色饭，能够风调雨顺，五谷丰登。此习俗在解放前比较盛行，现时少数人家还在传承。

青龙节 农历二月初二为青龙节。青龙节与农历每年的第三个节气惊蛰系在一起，俗称“龙抬头”。万家村人当天有炒蝎豆的习俗。蝎豆用黄豆和黑豆炒制，可甜可咸，香脆可口。

清明节 清明节的前两天为“一百五”（立冬后 150 天），当天日出前，万家村家家户户都到祖坟添土，意在为祖先修屋，以防夏天雨大漏水。清明节前一天为寒食，家家都不生烟火，全吃冷食。寒食的下午上坟祭祖。当今该习俗逐渐简化，人们上坟和给祖坟添土一块进行。清明节早晨吃煮鸡蛋，为小孩把鸡蛋染成红皮。有吃“饸饹”的习俗。当天早晨，家家用高粱面、小麦面、黍子面作为主要食材，加上少量用碾碾成的榆皮粉，和成面团，用木制饸饹床压到沸水锅里煮熟。

清明节，万家村人多去附近白云山或青庄山踏青，还在万安溪边搭秋千、荡秋千。

端午节 农历五月初五为端午节，人们在门框两边插艾条，用艾泡水洗脸，儿童手足腕上戴五色彩线。女孩子戴香荷包，荷包内配有 5 种香料。除此，村民要包粽子、吃粽子。

七巧节 农历七月初七为七巧节，又称“乞巧节”。旧时此日傍晚，姑娘们穿上新衣，摆上时令鲜果，供奉织女。她们用桃花染红指甲，用丝瓜丝、扁豆丝比穿针引线，比谁穿引最快，谁心灵手巧。七夕三更天藏在葡萄架下，据说能听到牛郎织女的悄悄话。随着时代变迁，当代村中青年男女多相邀聚会，共同进餐，互赠礼品，渐成时尚。

中元节 农历七月十五为中元节。中元节是祭祀祖先的节日，称为“鬼节”。当天，村民都在家中正堂里摆供桌祭祀祖先，西瓜等时令水果及菜肴点心摆好后，持香烛去门外将祖先请到家中，行礼如仪，斟酒三巡，祖先宴毕，将祖先送归。现时，人们多不在家中“请老祖”，但上坟祭祖必不可少，以尽孝道。

中秋节 农历八月十五为中秋节。万家村人对此节格外重视。中秋节之前要走亲串友，祝贺节日。节日当天，全家团聚，中午吃水饺，晚上摆酒宴，吃月饼、尝时令果蔬，赏月。

重阳节 农历九月初九为重阳节。此时秋高气爽，适宜秋游，登高远望，赏菊饮酒。20 世纪 90 年代，万家村两委对村内 65 岁以上老人发放 30 ~ 100 元不等补贴，以尽尊老敬老之心。

寒衣节 农历十月初一为寒衣节。当天下午上坟祭祖，除供品、纸钱外，还要用彩纸做成寒衣，焚于墓前，让祖先御寒过冬，以表达晚辈对先祖的追忆和报恩之情。

腊八节 农历腊月初八为腊八节。此时是一年内最冷的时节，俗语有“腊七腊八，冻掉下巴”之说。村民在这天用小米、大米、花生仁、绿豆、红小豆、红枣等煮成“腊八粥”食用。

辞灶节 农历腊月二十三为辞灶节，又叫“过小年”。旧时，此日村民进行大扫除，晚上用水饺和糖瓜祭奉灶王。糖瓜是用大麦芽做的一种糖，形状似瓜，所以叫糖瓜。祭祀后将灶王爷神像焚掉，默默祈祷灶王爷“上天言好事，下界保平安”，寄托一家人对神灵的期望。新中国成立后，此俗渐渐消失，但辞灶日大扫除的习俗延续至今。

除上述传统节日，对于国际和国内通用的公历节日，如“五一”劳动节、“六一”儿童节、国庆、元旦等节日，万家村人也十分重视，开展各种纪念和庆祝活动。

◉ 婚庆习俗

婚俗

订婚 新中国成立前，万家村人受封建礼教束缚，青年男女没有婚姻自由，实行包办婚姻，男婚女嫁，皆由媒妁之言，父母包办。新中国成立后，颁布了《中华人民共和国婚姻法》，实行男女平等、一夫一妻制。

二十世纪六七十年代前，缔结婚姻由父母做主，请媒提亲，然后双方互相打听，主要内容为家庭情况、人品、社会声誉等。双方家长认可后，再问年龄、属相、时辰，请先生算卦，若无相冲、相克，就商议定亲。也叫“下柬”“换柬”，是双方缔结婚约的书面形式。“柬”用红色六折纸帖，男方写的是“恭恳婚盟，伏冀金诺”，女方为“恭允婚盟，仰答玉函”。下柬之日，一般要宴请媒人并向女方下聘礼，聘礼多少，视家资丰薄而定。解放后，下柬形式逐步取消，变成口头允诺。订婚当天，女方要正式认亲，称呼要随男方改变，叫“改口”。男家族亲要给女方赠礼包，一般为50元、100元不等，叫“见面钱”。除送礼品外，男方要领女方到城里“赶集”，买首饰、衣服给女方。第二天，男方在介绍人陪同下，到女方家回访，叫“认亲家”，男方随女方改口，女方亲属也象征性赠给男方礼金。

下帖 男女双方商定结婚大体时间后，男方请人择吉日，书写“年命帖子”。帖子上写明结婚日期、过门时辰、上下轿及坐床方向，接送女客属相等事宜。帖子送到女方后，女方按此帖有关事项准备，待男方吉日迎娶。新中国成立后，此俗从简，“文化大革命”期间，被彻底扫除。

贴对联 男方家庭除准备结婚酒席外，还要请村里有文化者写对联，对联的内容要对应所贴的位置，如新房、父母房屋、大门、厨房、栏圈等都有所区别，一般是给五服以内的族亲贴对联。

压砖 结婚当日，新娘过门放鞭炮后，门楼上要压一对用红纸包着的砖坯子，插2双红筷子，压砖要属龙的人递，属虎的人压，叫“龙递虎压”。两块砖坯天长日久化为泥土，混合在一起，寓意一对新人永不分离。

馈饭 在结婚当日，女方长辈带2个碗，1碗盛满小米、1碗盛满绿豆，2碗用红纸封口。过门后，两碗粮食倒入男方家粮食囤，寓意为女儿添粮，而2个碗被保存。二人百年之后出殡之时，由厨子用菜刀打碎此碗，寓意“销户”。

二十世纪五六十年代，彩礼多为1张方桌，2把椅子，2个大箱，几床棉被，几身衣服。到七八十年代，彩礼开始讲究“二十四条腿”和“三转一响”，即挂衣橱、高低柜、写字台、沙发、自行车、缝纫机、手表和录音机。随着收入增多、生活条件改善，彩礼逐年攀升，已经变成几万元至十几万元现金，有的还要轿车、楼房之类。

婚礼 举行婚礼当天，新郎要坐花轿或婚车到女家去“迎亲”，花轿或婚车前有乐队。新中国成立前，万家村迎娶用花轿，20 世纪 60 年代用木轮车，70 年代用拖拉机，如今用轿车。轿车由 6 辆、8 辆增加到十几辆。新娘进洞房，坐时辰，吃长生面，众婶娘在炕上给新人填枕头（过去用麦穰做枕芯），边填边唱“左一把，右一把，不到三年就生俩；左一掐，右一掐，不到三年就生仨”。晚上喝“黄昏酒”，以闹为乐，又叫“合欢酒”“合卺酒”。一对新人对拜完，主婚人把 1 个葫芦锯开一人一半，斟满米酒，二人对饮。主婚人手持剪刀从新郎、新娘头上各剪下一缕头发，把二人头发系上红头绳，放入葫芦内合上，葫芦中间用红绸子系上，放入箱中，从此时起，二人就是“结发夫妻”，患难与共，白头到老。等到百年后，后代将葫芦放入棺材中，完成人生终身大礼。婚后第二天，新郎新娘在父母及亲人陪同下，先去祖坟祭拜，在坟头上压红纸，然后再去姥姥家上坟。至此，结婚礼仪结束。

禁忌 男女结婚忌在双方的本命年（属相之年），日期不能定在生日。父母给儿女送嫁妆，忌送剪子和刀。结婚、祝寿送贺礼忌送钟表。

生育 娶媳妇、生孩子、迁新居，是农村人一生三大喜事。万家村人从孩子出生，到百岁（100 天）、周岁，都进行庆贺。

妇女怀孕称“有喜”，妊娠反应叫“害喜病”，孕妇待人接物多有戒忌，不能参加别人婚礼，更不能参加葬礼。

婴儿出生称“添喜”。妇女生孩子后，屋门上挂红布，一为添喜标志，二为防止生人闯入。添喜后，女婿要到岳母家报喜，岳母煮鸡蛋将蛋皮染成红色，让女婿带回。女婿一路走，见人就给，让大家分享喜气。产后不几天，亲戚朋友带着鸡蛋、小米、面条等去贺喜，称“送粥米”。主人择日男孩选单日、女孩选双日设宴答谢。蒸小馒头、煮鸡蛋，都染成红色回赠宾客。婴儿出生一个月，称“满月”。产妇“坐月子”结束，一切禁忌解除，产妇带婴儿回娘家住“满月”。

婴儿出生一百天，称“过百岁”。婴儿“过百岁”，要穿“百家衣”。百家衣用从街坊邻居各家收集的碎花布连缀而成，其中必须有紫布头。人们用“百家衣”祈求孩子长命百岁，用紫色象征“紫气东来”的祥瑞之气。当天上午，姐妹、婶娘多人将婴儿抱到大门口，找一个碌碡坐下，口中念道，“坐着碌碡登着山，小孩长大当大官；坐在石上把衣穿，小孩活到九十三”。每人持一把剪刀，象征性地在孩子头上剪胎毛，边剪边念，“七把剪刀八把手，小孩活到九十九”“胎毛随风走，活到九十九，胎毛随风刮，活到九十八”等喜庆话。

婴儿一周岁后两三天，给孩子过“旺生日”，亲戚们都去祝贺。村中有“姑做裤，婶做袄，妗子做鞋满地跑”之说。

祝寿 万家村人素有尊老敬老美德，为老人祝寿尤其讲究。村人 60 岁以下叫“过生日”，60 岁时才能“祝寿”。如果父母在世，即使自己 60 岁、70 岁也不能“做寿”，人们遵从“尊亲在不敢言老”。老人 60 岁开始“做寿”，逢十做“大寿”（如 60 大寿、70 大寿）。万家村村民通常做“九”不做“十”，即在 59 岁时做 60 大寿，69 岁时做 70 大寿。祝寿庆典由子女办理，蒸寿桃，备喜宴，亲戚朋友都去“贺寿”。

乔迁 村人盖房子，搬入新居，称乔迁。乔迁之日，亲朋好友带着豆芽、豆腐、白菜、发糕、米、面等去祝贺，俗称“温锅”。豆芽寓意“生长”，豆腐寓意“都福”，白菜寓意“发财”。

随着经济社会发展和人们生活水平提高，现时乔迁贺喜礼品不断增多，不少客人将贺礼变成礼金。

贺喜 20 世纪 60 年代，村民家有喜庆之事，家族内、邻里间都要提前几天送去礼品，以表祝贺。受生活条件所限，礼品一般是当地红薯制作的一把干粉、几张粉皮。20 世纪 80 年代，礼品演变为 2 瓶酒或合伙送喜帐。改革开放后，贺喜礼品为送床上用品或礼金。除婚嫁外，乔迁、生育、祝寿、建房上梁等家庭喜庆之事，万家村民都有礼尚往来的传统习俗，并以此增进交流，拉近邻里感情，和睦相处。

20 世纪 60—90 年代，万家村民如邻居有打墙、盖屋等工程，自家解决有困难的，由邻居、亲友相互帮工，只管饭，不支工钱。建房、砌墙所需石料、土坯皆是邻帮互助的方式筹集，减轻建房成本，巩固了村民邻里间互帮互助的礼仪传承。

走亲访友 正月初二去丈母娘家，女婿与妻子、孩子一同回娘家给家人拜年；丈母娘，称女婿叫“客”（读 kei 音）。当天，女婿被奉为上宾，妻子的家人会尽力陪酒，尤其是新婚的女婿，更是受到款待。初三开始到亲戚家去拜年。二十世纪五六十年代的习俗是初三去姑家，初四去姨家，其后根据亲疏关系再去其他亲戚，表兄表妹、同学朋友等再互相拜年，联络感情，增进友谊。随着人们生活水平提高，走亲探友的礼品发生很大变化。新中国成立前，多是一瓶老烧酒和几包挂面。20 世纪 50 年代，礼品是米面、年糕。六七十年代，礼品是点心、饼干，80 年代是烟酒、罐头。进入 21 世纪后，整箱酒、整条烟、整盒茶叶和保健品成为风行礼品。

◉ 丧葬习俗

丧葬传统 新中国成立前，万家村人讲究重殓厚葬。人过 60 岁要修寿坟，制寿衣，做寿棺。人死之后，丧期有二日、三日、五日、七日之分。

丧葬礼俗有守灵、入殓、宾奠、安葬、谢悃等礼节。人死称“倒头”或称“老了”。要给死者沐浴、理发，然后入殓，称“停灵”。停灵后，孝子要给死者“指路”。死者无上辈，门上贴白纸，称“落门”“封门”。死者子女要穿孝服，戴孝帽（白布衣帽），在死者灵前跪守，称“守灵”。停灵期间，孝子、孝女一日两次到土地庙烧香焚纸，弃米汤于地，称“送浆水”。孝子要到外祖父、岳父、姑姨等家“报丧”。亲友前往吊唁，要送钱，称“赙仪”。亲友在供桌前祭奠，孝子要叩首“谢客”。将死者尸体移入棺材，称“入殓”；举棺称“起灵”。“起灵”时，死者长孙执幡，出门后长子摔瓦，途中女婿要“路祭”，直至下葬，圆坟。

下葬后第二天天不亮，孝子孝女要到坟墓“圆坟”。回来后登门向赙仪者“谢客”。祭悼礼仪还有上“三七坟”“五七坟”“百日坟”“忌日坟”。

丧葬改革 1975 年以后，国家倡导丧葬改革，实行火化，丧事简办，万家村开始逐步废除烦琐的丧葬程序。1976—1985 年，死者的丧期根据其年龄与家庭经济条件而定。年龄大的一般为两天，仍沿袭封门、裱鞋、守灵、指路、路祭、圆坟、子女持服等习俗。前去吊唁的客人 8 人一桌，上 6 个菜吃饭；本村助忙人员一律吃大锅菜。1986—2000 年，随着生活水平提高，丧葬延续传统习俗，只是待客条件有所改善。

进入 21 世纪，万家村成立红白理事会，负责村里红白公事。倡导厚养薄葬，丧事从简。丧主不封门，子孙不裱鞋，一朵孝花替代孝服孝章；一次性指路，不再请灵送灵；一次性奠祭，路祭不出院，丧期至多两天。邻里助忙者，中午每人一碗菜汤吃饭，晚上几桌家厨宴。

丧事礼仪 20 世纪 60 年代前，万家村村民办理丧事，邻里乡亲除帮忙料理外，还要向死者吊唁表示哀悼，一般是一刀黄表纸，送到外柜登记为“元裱整份”。70 年代后，邻里吊唁改为现金，根据关系亲疏，有 2 角、5 角不等。进入 21 世纪后，吊唁金一般为 10 元，外柜登记为“祭仪”。

◉ 日常禁忌

万家村人，特别是毕氏族人衣食住行有讲究，有许多祖传日常忌讳。

饮食禁忌 村人虽生活简朴，却讲究规矩。饭桌边按辈分排坐，长辈先动筷用餐，小辈才能动筷。吃饭时忌用筷子敲碗，不能将筷子插在饭碗中。招待客人，酒席上斟酒忌浅，倒茶忌满。俗话说“酒要满，茶要浅”。宴宾席上忌上水饺，因水饺有“滚蛋包子”之意。斟酒倒茶，酒壶、茶壶嘴子不得对着客人。酒席上吃鱼，须主客先动筷，陪者再动筷。盘中鱼吃完一侧，吃另一侧时，称之“正过来”，不能说“反过来”。

服饰禁忌 衣服纽扣宜单忌双，有“四六不成材”之说。子女在服孝期（旧时一般为三年）宜穿蓝、青、白色素装，忌穿红戴绿，忌扎红头绳。婚衣忌用白色和黑色。女人和小孩的衣服不能在露天过夜。衣服破了不能穿着缝，有“穿着缝，没人疼”之说。接待客人要衣帽整洁，称之衣貌堂堂。衣帽不整，有失礼节。

居住禁忌 万家村人住房讲究很多。其布局为北屋三间为主房，当中一间称为明间，又叫“客间”，是待客之处。东西两间称为暗间，东间由长者居住，称为“上房”，西间儿孙居住，称为“下间”。院子里忌栽桑、柳、桃、柏等树。大门前栽植槐树忌种杨树，有民谣为“前不栽桑，后不种柳，门前不种呱哒手”。“呱哒手”指杨树。

出行禁忌 走亲戚、出远门，忌在农历每月初一、十五。村中有“待要走，三六九，待回家，二五八”之说。看望病中老人，忌下午。

◉ 美食小吃

刘家肴菜 清光绪年间（1875—1908），万家村刘氏先祖刘振生在王村经营饭馆，后与万家毕氏联姻，迁居万家。其子刘嗣德传承厨师技艺，服务桑梓。改革开放初期，刘氏第三代刘守礼开始制作肴菜，主要有烧鸡、香肠、炸菜、调菜等品种，因其诚信经营，童叟无欺，用料考究，传统工艺制作，几十年畅销不衰。第四代刘成良传承发展刘氏肴菜技艺，增加酥鱼、酥锅、春卷等品种，因其口味独特，服务周到，深受喜爱。

酸浆豆腐 万家村豆腐以其口感细嫩、嫩而不腻、传统制作、无添加而闻名乡里，几百年畅销不衰。万家村的酸浆豆腐可追溯到明代，毕氏先祖有制作酸浆豆腐的历史。

二十世纪五六十年代，每逢腊月二十后，几乎家家都要出（制作）豆腐，一部分炸成豆腐块、豆腐页，一部分切片放露天冻透后，制作酥锅豆腐，用于春节后招待亲友。

20 世纪 70 年代，豆腐制作改为集体经营，每个生产队都有豆腐坊，成为主要的副业生产，交换方式以大豆换取，1 斤豆子换 2 斤豆腐。改革开放后，万家村有 10 余户个体经营户制作酸浆豆腐和豆腐皮、豆腐干。其制作工艺有拣豆、浸泡、磨浆、过滤、煮沸、点浆、成型。

◉ 文明新风

建设活动 万家村在文明新风建设中，经常利用党员村民代表会开展思想政治教育、道德法制教育，聘常年法律顾问为村民提供法律服务。发挥视频监控、网格员巡查的作用，进行社会治安综合治理；做好育龄妇女健康教育工作，绿化、亮化、美化村庄，主要街道立面整治，统一明清建筑风格的古村风貌。组织丰富多彩的文化生活，评选出“文明户”“五好家庭”“美在家庭”“好媳妇、好婆婆”等带头户；建成“党建文化一条街”，把优秀传统村落文化搬到墙上，村民在行进中耳濡目染，感受优秀的家族文化和传统文化。

文明村创建 万家村坚持多年明清古建筑修复、河道治理、道路硬化、残垣断壁整治、环境卫生保洁、污水治理、旱厕改造等一系列的人居环境整治，2005 年、2006 年，万家村被中共周村区委、区政府命名为“文明单位”；2007 年，被中共淄博市委、市政府命名为“文明村”；2011 年，万家村被评为“先进基层党组织”；2015 年，被淄博市委宣传部、淄博市精神文明建设委员会、市妇联命名为“淄博市诚孝村居”；2018 年度、2019 年度被中共周村区委、区政府命名为“双强双好村”。

善行义举 21 世纪后，万家村民践行“积下德行传后世”的祖训，涌现出许多善行义举。村民王延华以木工和厨艺无偿服务乡里，三十年如一日，被央视《记住乡愁》栏目选入；万家村主任毕伶德为照顾患大病村民就医，带头捐款并组织成立爱心捐款班子，有村两委和部分村民代表牵头，全村范围内为患大病的村民捐款，先后为毕于昶、毕于凯、毕忠德等村民募集捐款万余元。

◉ 方言

万家村方言与淄博方言大同小异，同属鲁中方言的一个分支，但万家方言中的部分语音、词汇和谚语、歇后语等具有比较明显的地域特点。

语音 万家村方言语音与普通话语音的区别主要表现在以下几个方面：

声母不同。把声母 r 读作 l，如人、热、惹、肉、入、如、褥、软、荣、熔、润、扔等字；把声母 ch 读作 q，如早晨（qín）；把声母 n 读作 y，如老黄牛（yóu）；把声母 d 读作 z，如一堆（zuī）沙子。

韵母不同。把韵母 ai 读作 iai，如矮、崖、涯、挨等字；把韵母 ai 读作 ei，如白、百、掰、柏等字；把韵母 ie 读作 iai，如街、解、皆、阶、界、介、届等字；把韵母 ei 读作 ui，如雷、磊、蕾、泪、累等字；把韵母 e 读作 ei，如德、得、克等字；把韵母 ei 读作 u，如没、枚等字；把韵母 e 读作 uo，如哥、硌、和、河、贺等字；把韵母 ou 读作 u，如某、谋等字；把韵母 ao 读作 ue，如钥、药等字；把韵母 ai 读作 ei，如麦、迈、脉等字；把韵母 e 读作 o，如鹅、饿、蛾、讹等字；把韵母 ue 读作 iao，如学字；把韵母 e 读作 uo，如棵、渴、咳、磕等字；把韵母 e 读作 a，如喝、割等字；把韵母 iang 读作 ia，如娘（限于对母亲的当面称呼）字；把韵母 u 读作 i，如去字；把韵母 ao 读作 a，如雹字；把韵母 iao 读作 ue，如脚字；把韵母 ui 读作 ei，如谁字。把韵母 ai 读作 ei，如拆字。

声母、韵母均不同。把声母 c 读作 ch，把韵母 e 读作 ei，如策、册、测等字；把声母 z 读作 zh，把韵母 e 读作 ei，如责、择等字；把声母 s 读作 sh，把韵母 e 读作 ei，如色字。

万家村域部分方言、语言与普通话语音对照表

表 3

例字	方言语音	普通话语音	例字	方言语音	普通话语音
踩	chǎi	cǎi	葡萄	pó tou	pú tao
洒	shǎ	sǎ	钥匙	yuè chi	yàoshi
笔	bēi	bǐ	核桃	huó tou	hé tao
格、隔	gēi	gé	某	mú	mǒu
渴	kuo	kě	轴	zhú	zhóu
喝	hā	hē	乐	luò	lè
刻、克、客	kēi	kè	色	shēi	sè

续表 3

例字	方言语音	普通话语音	例字	方言语音	普通话语音
润	lùn	rùn	脚	juē	jiǎo
雹	bá	báo	麦	mèi	mài
牛	yóu	níu	农	nú	nóng
刚	jiāng	gāng	拆	chēi	chāi
深	chēn	shēn	白	béi	bái
耕	jīng	gēng	摘	zhēi	zhāi

词汇

表示人物和事物名称的

老祖——泛指包括父母在内的直系长辈

两乔——姐夫与妹夫之间的互称或合称，亦称连襟、拉不平

锨头板子——肩胛骨

刀佬——螳螂的俗称

蚁羊——蚂蚁

地羊子——土拨鼠

半吊子——说话、做事不合常理，像缺个心眼

蛔蚤——跳蚤

蛇虎溜子——壁虎

背黑锅——不是自己所为之事而替人承担责任

傍明——临近天明的时候

吃饱蹲——光吃饭，不干事，无能力

痴二哥——办事不灵活，迟钝

拄棒——手杖

杵头——打坏用的小夯

花花肠子——办事鬼点子多

合巷——几户人家共同出入的小胡同

娘化——棉花

大尽——农历有 30 天的月份

谎花——植物中只开花不结果的雄花

燎泡——因烧伤、烫伤、作息失调，皮肤和嘴唇上形成的水泡

肋肢骨——肋条

插关子——门闩

隅陵子——墙与墙之间狭窄通道

夜来晚上——昨天晚上

过继——出嗣

干阔——口渴

直搭换——不需要任何附加条件物质、物业交换

挺托——身体壮实，作风过硬

表示人物或事物的动作、行为、变化的

扒撸——善于往自己家里聚敛财物

凑附——好歹将就着

缠磨——纠缠

发邪——指婴儿、儿童无故哭闹

活泛——办事灵活，不呆板

掂对——思考、斟酌，看事情能办不能办

阔唆——咳嗽

圆承——帮人调解矛盾，促使达成某种协议、交易

掉向——迷失方向

掉腚摸耳——在事务面前，应对无方，急得团团转

倒牙——牙神经受酸性刺激，不敢咬东西

撮你——打你

搓悠——搓弄物品；不怀好意地使人精神受到折磨

戳哄——挑唆、怂恿

呜苏——后悔引起的思绪

匡算——粗略估计

扬风乍毛——举止轻浮，喜欢张扬

扎煞——伸展，招惹事非

装佯——给人一种假象

功德碑铭墙（2010）　　李景花　摄

压茬——做事有魄力，能稳定局势

打夜作——在夜间劳作

紧趁——做事干净利索

耍光棍——蛮不讲理，欺负人

支黄瓜架——两人动手撕扯在一起

待一霎——等一小会儿

抄手——袖手，把手伸在衣袖里

胡而麻约——做事敷衍、轻率

二思——做事犹豫不决

踢蹬——小孩子调皮捣蛋

跑孙腿——白跑路，无功而返

老时解——时间长

村民生活

自古以来，万家村民以农耕为主，有的兼做木工、瓦工、铁匠等。日伪时期，百业萧条，村民收入锐减。村民收入仅能维持基本需要，遭遇荒年生存难保。新中国成立后，村民在粮食自给自足后，兼做家庭养殖及工商业。改革开放后，产业结构调整，村民从事多种行业，收入水平逐年提高。村民衣食住行等消费结构发生变化，文化、娱乐、教育、社交、旅游等消费支出逐渐增加。

◉ 收入　支出

收入　万家村地处白云山前的丘陵边缘，地下为几百米的红页岩，含水层较少，无矿产资源。村民世代以种田为生，由于干旱缺水，土地收入微薄。村南一处地段水位较浅，部分村民在此种菜（俗称“南园”），除自食外能换取微薄收入。

新中国成立前，万家村有小规模的植桑养蚕业，约占耕地的 10%（至今仍有土地名称为“桑园地”）。养蚕妇女最忙最累的是养春蚕，“蚕吃老食麦黄梢”，蚕在成熟前食量特别大，又与麦收时间重合，一夜需喂 3 次桑叶。每户养蚕 3 ～ 5 席，有少数户可养 10 席，每席收蚕茧 2.5 千克，蚕茧价格经商人层层盘剥、压价，蚕农收入甚微，仅可买点油盐、置点衣物。旧时女孩有织发网的手艺，收入微薄。

1937 年，不少村民到东北或者天津打铁谋生，或为人佣工，或数人合伙开一间铁匠炉，到年底能往家里汇款，帮助家里还清外债度过年关。多数村民在家种田，家庭收入主要来自土地。有的村民兼做木工、瓦工，做豆腐、粉皮、粉条，挣些微薄收入。日伪时期，社会动荡，民不聊生，多数手工业者和小商贩、作坊受到冲击，收入锐减，贫富差距拉大。村内除少数富裕户外，多数家庭靠打短工聊以糊口，朝不保夕，度日维艰。

1947 年，经过土地改革，广大贫苦农民分到土地，以农为主，自主经营，收入明显提高，户与户之间的收入差距缩小，杜绝了逃荒要饭的现象。新中国成立后，1956 年成立高级社，实行按劳分配，评工记分，口粮按“人七劳三”的比例分配。1958 年，人民公社成立，生活实行供给制。“大跃进”中，社员到集体食堂免费就餐，基本上没有现金分配。1960 年，粮食减产，社员每日人均口粮 0.13 千克，只能以树叶、野菜、玉米芯充饥。社员没有自主权，家庭收入也无从谈起。1962 年，落实中央政策，实行“三级所有、队为基础”，扩大生产队自主权，分给村民少量自留地。同时，国家减少粮食统购任务，村民生活开始好转。1963 年，万家村人均分配口粮 172.2 千克，其中小麦 35 千克，秋粮 137.2 千克。1978 年，全村 225 户、948 人，整、半劳动力 283 个，总工日 183227 个，平均日工值 0.49 元。村民分配合计金额 90280 元，分配实物折款 57223 元，应分现金 32985 元，每人平均 95 元。1982 年，落实家庭联产承包责任制，村民生产积极性提高，粮食产量增加。国家调整粮食订购价格，村民收入逐步提高。1990 年后，社会主义市场经济体制建立，村民从事个体工商经营户增加，工资性收入和个体经营收入在总收入中的比重越来越高，粮食收入所占比越来越低。

21 世纪初，万家村经济进入快速发展阶段。村两委鼓励支持村民创办个体企业、发展第三产业，在增加村民收入的同时壮大集体经济，村民各类补贴及福利逐年提高，收入稳步增长。2010 年，村民经济收入中，工资性收入占 73.2%。2017 年 7 月，万家村通过争取政策性资金 25 万元，在村委和车库屋顶安装太阳能光伏发电项目 41.6 千瓦。为全村 7 户贫困户建档立卡，发放项目分红资金 1.4 万元，助其脱贫。2017 年，全村村民人均纯收入 9800 元。

支出

新中国成立后，随着村民经济收入的增加，衣食住行的消费支出不断发生变化。改革开放以后，村民的消费结构趋于优化，教育、娱乐、文化、旅游、社交、通信消费都占有一定比例。1996 年，在村民消费支出中，饮食占 19.5%，用品用具占 15.5%，住房占 34.0%，服饰占 5.1%，交通占 5.9%，医疗占 5.3%，文化、教育、娱乐占 6.6%，其他商品及服务占 8.1%。2005 年，村民消费支出中，饮食占 17.6%，服饰占 5.3%，住房占 21.6%，购买轿车占 19%，家居用品及服务占 7.9%，交通、通信占 7.6%，文化、教育、娱乐占 11.3%，医疗保健占 9.7%。进入 21 世纪，购买商品化住宅成为村民消费支出中最大的消费项目。

教育支出 新中国成立前，万家村曾有私塾，因生活贫苦，大部分学龄儿童不能入学，有的读一、二年级即辍学。1929 年村里建立学堂，为初小，第一任教员胡贯之。女孩仍有未入学者，男适龄儿童能就读者约占学龄儿童的 1/3，升高小者为十分之一二。抗日战争时期，万家村属日军占领区，废学堂立私塾，教师为毕恒德，课程是四书、五经。由于坚持私塾教学，有不少村民能粗略识字。

新中国成立后，万家村向政府请示，以民办形式办学，经费自筹。学校设在毕氏八支家祠，课桌 20 余张，座位学生自带，第一任教员为毕恭先。招收本村学龄儿童 30 多名。1958 年，学生增至 80 多人，教师增加到 3 人。因校舍不足，又腾出家祠北屋，盘上台子，放上木板作为课桌。1968 年，万家村小学由公办转为村办，经费为民办公助。上级按班数和学生人数补助办学经费，其余部分由大队承担。公办教师工资由上级财政发放；民办教师实行工分制，由大队记工分，上级发给少量补贴。小学由六年制改为五年制，初中由三年制改为两年制。小学代办初中班，称为“小学戴帽”，儿童可就近从小学读完初中，学校收费很少，学生入学率大增，初中教育基本普及。

1986 年，《中华人民共和国义务教育法》颁布实施，小学至初中的学制改为 9 年。

国家对接受义务教育的学生免收学费，由国家财政按学生人数拨付义务教育保障资金。上学期间，学生只交纳作业本费。小学阶段学生每学期需 20 元左右，初中阶段每学期需 50 元左右。幼儿教育与小学分离，万家村于 1986 年 7 月投资 2 万元新建幼儿园 1 所，分大班和中班。幼儿教育、高中及高中以上教育仍按国家规定收费。

自国家实行九年义务教育制度后，义务教育阶段的学生免收学费，幼儿、高中、大学收费标准逐年攀升。全封闭寄宿制学校收费标准则更高，每生每年在万元以上。至 2017 年，村民子女上幼儿园每生每月支出 500 ～ 1000 元，上小学及初中，每生每学期支出 1000 ～ 2000 元，上高中、中专、职业高中每生每学期支出近万元，上大学每生每年支出 2 万元以上。学费支出成为村民生活消费中的重要组成部分。

通信 改革开放前，村民通信方式以书信为主，寄信需要到王村邮局。如有急事到王村邮电局拍发电报，拍电报按字数收费。20 世纪 90 年代，万家村村民安装第一部家庭程控电话，安装费 3000 余元。之后，陆续有村民安装，小卖部安装公用电话。程控电话每月座机费 17 元。拨打电话按时间收费，一般家庭电话每月支出 30 元左右。2005 年后，村民开始购置电脑，通过互联网洽谈生意、销售产品，还可通过视频聊天。经常外出的村民都购置手机，年轻人几乎人人都有手机，有的中学生也配备手机。

日常生活

服饰

服装 20 世纪 50 年代前，万家村村民穿着衣物都是手工缝制，布料是棉花纺成线织成的粗布。织出的白布用颜料染成蓝色，叫煮布。多数村民一衣多用，衣服磨破了打上补丁接着穿。夏秋两季男人推车、挑担，光着膀子搭一块宽布条，俗称“帔布”擦汗用。20 世纪 60 年代，机织布逐渐出现在市面，国家实行布票供应。村民每人每年 3.3 尺布票，由于布票短缺，中老年人服饰制作仍以自纺自织的粗布为主。1965 年后，布票增加到每人每年 16.5 尺，各类化纤布、混纺布也相继上市，因混纺布每尺只收 0.3 尺布票，深受村民喜爱。20 世纪 80 年代后，国家取消布票制度，村民不再穿自纺自织的粗布。有的家庭购置缝纫机，代替手工缝制衣服。人们穿衣开始讲究面料、款式、颜色和季节的搭配。90 年代后，各种服装品牌上市，人们穿衣注重款式、色调、面料质地和品牌，穿休闲服的人日益增多，年人均服装消费 80 元左右。

进入21世纪后，村民的服装消费开始注重健康、时尚，化纤、腈纶材质的服装不再受欢迎，村民首选纯棉、真丝、真皮材质的服装。

鞋 20世纪50年代前，村民穿鞋都是手工做的单鞋、棉鞋。20世纪60年代，塑料底布鞋出现，轻便耐磨，年轻人喜欢穿。中老年人穿自做的布鞋，以“三紧鞋”“两半截”系带鞋为主，有的村民买塑料鞋底，自行配上鞋帮。1965年后，市面上出现塑料凉鞋，既经济实惠又适宜穿着下地劳动，受到村民喜欢。

20世纪80年代中期，村民开始购买各式皮鞋、布鞋、胶鞋，鞋的款式、花色逐渐增多，青年女子开始穿高跟鞋。21世纪后，随着村民消费水平提高，中年人以穿皮鞋、旅游鞋为主，有各种质地、款式；老年人以布鞋、旅游鞋、保健鞋、休闲鞋为主。每双鞋的价格从几十元到几百元，甚至上千元不等。

袜 20世纪50年代前，村民以穿自己缝制的布袜为主，有单有棉。村民用于袜的消费为花几角钱买针线，只有少数人买线袜。20世纪60年代中期，市面上开始出现尼龙袜，颜色鲜艳，结实耐穿。至70年代末，尼龙袜、尼龙丝袜盛行，基本替代了棉线袜。也有人用棉线、毛线编织袜子，既暖和又实惠。90年代后，夏天青年妇女流行穿长筒袜。进入21世纪，村民穿袜喜好生态健康的棉线袜。

帽 二十世纪五六十年代，只有较富裕或经商的男子戴皮帽、瓜皮帽，结婚时男子戴礼帽。多数村民冬天戴毡帽或大耳帽，春、夏、秋季出门戴苇笠。20世纪80年代后，帽子种类渐多，男子冬季戴棉帽或狗皮帽，春秋多戴蓝色、黑色大前檐帽，老年人戴圆形毡帽，妇女喜欢戴筒式帽、毛线帽，儿童帽子的款式也逐渐增多。进入21世纪，男女老少帽子的样式繁多。

首饰 20世纪50年代前，村民极少佩戴首饰，经济富裕的家庭妇女戴银戒指、银耳环。80年代后，随着村民生活水平提高，青年妇女流行扎耳洞，戴耳环以及戴项链、戒指、手镯。90年代，村内部分从事个体经营的男子开始戴金戒指、金项链。年轻人订婚要准备首饰。进入21世纪，村民消费水平提高，“三金”（戒指、耳环、项链）成为订婚的必需品。佩戴首饰的年龄范围扩大，儿童首饰遵从“男戴观音女戴佛”的习俗。

饮食

食品包括主食、饮料、菜肴、酒类、酒席、糕点、水果，随着村民生活水平不断提高，食品种类、质量、供应方式也发生着变化。

主食 解放前，万家村土地耕作条件差，小麦产量低，村民主食以粗粮为主，遇灾荒年以树叶、晒干的地瓜叶充饥，甚至外出讨饭。故老年人都有精打细算，时常准备过歉年的观念，不允许孩子浪费粮食。

1958 年，人民公社成立，社员的生产、生活资料上缴，按定量发放饭票，按时到集体食堂就餐。同年，由于劳动力都“大炼钢铁”，地瓜大部分烂在地里，丰产未丰收。1959 年村里出现饥荒，人均每天只有 0.13 千克的粮食，村民以野菜、树叶、玉米芯、地瓜秧充饥。1960 年，集体食堂解散，口粮分配到户，生产队为弥补口粮不足，分给社员少量自留地，种植南瓜、胡萝卜等，既当饭又当菜。20 世纪 60 年代中期，村民生活逐渐好转，人均口粮每年 150 千克以上，加上自留地添补，基本能吃饱。

20 世纪 70 年代，小麦、玉米作物复种指数提高，社员主食以小麦、玉米为主，小麦约占全年口粮的 1/4。村民主食仍以粗粮为主，主食消费在整个消费结构中比重较高。1982 年，万家村实行家庭联产承包责任制，粮食人均年占有量超过 500 千克，家家都用大瓮存粮，主要是小麦。村民主食开始以细粮为主，玉米大部分用作饲料。1990 年后，村民生活开始由吃饱向吃好过渡。主食有馒头、面条、油饼，有时以油条、麻花、火烧、锅饼、面包、馄饨作为主食，偶尔也吃煎饼、窝头调剂口味。2000 年后，村民饮食注重健康和科学合理，主食粗细搭配，用玉米面摊煎饼、蒸窝头，喜吃无公害的小杂粮红薯、小米等。

菜肴 新中国成立前，村民吃饭很少炒菜，以自腌咸菜为主。有的家庭自做黄豆酱，抹在煎饼上卷大葱吃。1958 年后，部分生产队安排少量菜地，种植季节蔬菜。小部分村民吃饭时开始炒菜，大部分村民仍以咸菜为主，有时买豆腐乳、臭豆腐作为佐餐的菜肴。20 世纪 60 年代后，村民凭肉票到王村食品站能买到肉。春节前，生产队将自养的猪屠宰后按人分给村民。村民将脂肪多的膘炼出猪油保存，用来炒菜。春节招待亲友，家家做豆腐、酥锅。村民日常做菜以炖为主，佐料有花椒、葱、姜、蒜、盐、醋、酱油等。1980 年后，日光温室大棚蔬菜增加，村民一年四季都能买到新鲜蔬菜。各种食用菌种植兴起，为村民丰富了“菜篮子”。1990 年前后，部分家庭开始购置冰箱，村民饭桌上的菜肴品种逐渐丰富，开始注重营养和口感。2005 年后，村民餐桌上的菜肴日趋丰盛，注重选用绿色有机无公害蔬菜。村域内生产的苦菜、野菊花芽、薄荷、花椒芽、蒲公英成为餐桌上的新鲜菜。

酒类 20 世纪 60 年代前，村民在逢年过节或喜庆之日以高度散装白酒待客。妇女坐月子有喝黄酒的习俗，将黄酒温热，加上生姜红糖，趁热喝下，可活血化瘀。白酒曾凭票供应。20 世纪 70 年代初，开始有红酒上市。80 年代，酒类品种日渐增多，白酒以瓶装为主，啤酒也逐渐被人们接受。90 年代，村民饮酒渐上档次，喝酒开始讲究品牌，啤酒销量增加。2000 年后，各类名酒渐多，有国产白酒，也有洋酒。2005 年后，村民办宴席均有白酒、啤酒、葡萄酒。村民喝酒开始有所节制，更加注重身体健康。

酒席 改革开放前，村民家中有婚嫁喜事，都在家中安排酒席，提前请亲朋邻居在家中支锅垒灶，借餐具、桌椅板凳，请厨师做菜。凡能够提前做的菜都提前备好。酒席规格一般为“四四席”，菜品档次视家庭经济情况而定。改革开放后，多数村民把酒席安排在酒店。除结婚酒席外，还有婴儿“送米”酒席、订婚酒席、考取大学谢师宴等。

饮料 长期以来，村民喝白开水或凉水，有的人家用少量米做一锅饭汤。极少人家有热水瓶。富裕人家在春节时买茶叶待客，平时很少饮茶。20 世纪 70 年代，多数村民在春节时购买少量茶叶，品种多为茉莉花茶，有的村民买茶叶末用以招待亲朋。改革开放后，饮茶者渐多。90 年代后，多数村民养成饮茶习惯，以绿茶为多。2000 年后，村民饮茶渐上档次，以绿茶为主，兼有花茶、红茶、白茶、普洱等。雪碧、可乐、瓶装矿泉水、果汁奶茶、咖啡等各种饮料开始普及。现时村里安装饮用纯净水设备，家家有饮水机，村民全部饮用纯净水。

糕点、水果 20 世纪 80 年代前，村民走亲访友、看望病人，多以蛋糕、桃酥、饼干、蜜食、烧饼、点心为礼品等，水果多以自产的大枣、石榴、桃子、柿子、山楂、软枣等为主；也有用核桃、花生、栗子等干果作为礼品的。20 世纪 80 年代后，水果罐头成为村民走亲访友的礼品，主要有糖水山楂、糖水梨、糖水苹果等。改革开放后，村民购买苹果、香蕉、柚子、橘子、梨、冬枣、猕猴桃、桃等水果日常食用。村边有小型农贸市场，可随时选购品种多样的糕点和水果。90 年代后，糕点消费量明显下降，水果消费量持续上升。村民保持中秋节吃月饼的习俗，每年中秋节家家都要购买月饼。2000 年后，村民过生日多订做生日蛋糕，还有元宵节买元宵、端午节买粽子的传统习俗。

住房 新中国成立前，村民住房多为四合院，一户一院或一院几户。房屋构造多为石头基础土坯墙，木梁檩、起脊，麦秸盖顶。木棂窗户内糊窗纸，全封闭木门，少数房屋用砖镶门窗和房屋四角。房屋既窄又矮，采光、通风功能较差。大部庭院建有栏圈，用以养猪；大门为东南门或西南门。1947 年土地改革之前，村内有无房特困户，常年租住他人房屋。无房户和少房户在土地改革运动中分得房屋。由于收入低，二十世纪五六十年代，村民很少有建新房者。

20 世纪 70 年代，随着生活条件的改善，盖房者日益增多。根据上级政策，需要宅基地者，由个人申请，经上级批准，大队有计划地批给地基建房。房屋结构为石头墙基土坯墙，多数在土坯墙外贴石灰坯，砖镶门窗，水泥地面，白灰抹墙，建筑面积近 70 平方米。用工只管饭不支工钱，邻居帮忙，以工换工。1980 年后，村民盖房开始加前出厦，宽敞明亮，结构合理。2006 年，村里不再批地基，而统一建民居，在村北建 2 栋 48 户居民楼，地上建车库，格局分为三室二厅和二室一厅，水、电、天然气、通信等设施一应俱全，有门卫值班室和清洁人员，48 户村民入住新楼房。进入 21 世纪，村内青年在城里安家者日趋增加，购买楼房成为最大消费项目。2000 年，在周村城区购买一套 100 平方米的楼房需 10 万元左右，2005 年需 15 万元左右，2017 年需要 50 万～80 万元。

交通工具 新中国成立前，普通村民走亲访友、赶集上店多步行，少数人骑毛驴，坐轿子出行的极少，拉货运输都用木轮车。新中国成立后，路经万家村的公路先后建成，交通日渐便利。万家村距王村火车站和汽车站各 1 千米，村民外出坐火车、汽车的逐渐增多。20 世纪 60 年代，村民开始购置自行车。70 年代中期，村民以自行车代步者增多。1980 年后，各种品牌自行车普及，部分青年开始购买摩托车作为代步工具。1990 年后，个体经营户开始购买汽车。个体经营户外出谈生意、办业务开始乘坐轿车。至 2017 年，万家村有轿车 110 辆、运货汽车 12 辆、面包车 6 辆，还有电动三轮车 20 余辆、电动自行车 200 余辆。村民交通消费领域不断拓宽，支出逐年增加。

生活用具 新中国成立前，富裕人家有祖传下来的方桌、太师椅、条山几、梳妆台等家具，多数村民家中只有方桌、椅子、杌子、杌扎，贫苦人家只有矮桌、杌扎等简易家具。多数木床没有床头，只有床面及床腿，床面框架上铺上箔材，再铺上苇席。有的村民冬天睡炕，夏天睡床，也有村民冬夏皆睡土炕，只是夏天把炕上铺的谷草换成苇席。因生不起煤炉，多数村民冬天在炕炉烧点柴草取暖。20 世纪 70 年代后，青年结婚要置办几样新家具，有方桌、椅子、梳妆台、衣橱，衣箱分为大箱和小箱。结婚后与父母分家单过时，双方父母将炊具置备齐全，俗称“温锅”。80 年代后，出现大衣橱、高低橱、电视机柜、写字台、沙发、茶几等。老年人仍用旧式家具。多数家庭购置挂钟或座钟，部分家庭购置缝纫机和液化气灶等。1990 年后，家具品种更新，实木家具受欢迎，席梦思床和各种材质的沙发、茶几进入村民家庭。2015 年后，村民新居和婚房都进行装修，装修档次、价格视家庭经济情况而定。村民追求健康环保的家具，整体厨房进入家庭。

2017 年，万家村完成气代煤改造，村民用上天然气，极少数用电代煤取暖。气代煤、电代煤均享受国家 3 年补贴，使用清洁能源，既方便又卫生。

◉ 社会保障

养老保险 2010 年 1 月，万家村按照《周村区农村社会养老保险工作暂行办法》《周村区农村社会养老保险实施细则》，以及《王村镇农村社会养老保险工作办法》《王村镇农村社会养老保险实施细则》，制定万家村新型农村基本养老保险有关规定，召开党员、村民代表会，表决通过。2015 年，政府颁布新的政策后，部分零活就业人员（村民）自费参加社会养老保险。至 2017 年，全村村民养老保险参保率 100%。

合作医疗 2004 年，万家村开始实行新型农村合作医疗制度。参合村民每年缴纳少量合作医疗费，一旦生病住院，便能得到报销。2006 年，万家村投资 53 万元建成村委会办公楼，将卫生室迁进办公楼，配备相应设备，达到乡村卫生室标准。2014 年，新农合改为医疗保险，提高缴费比例和报销比例，参保者能得到更多报销。

老年人供养 新中国成立前，万家村是与小农经济相适应的传统养老方式，老人和几代人生活在一起，生活起居由子女照顾。改革开放后，万家村党支部、村委会把养老工作作为提倡文明村风的重要内容。大力弘扬尊老敬老传统美德，不断加大对老年事业投入，使老年人老有所养、老有所乐，安度晚年。同时，实行居家养老。自 2003 年起，村委为 65 岁以上老人发放每月 30 元生活补助费。自 2004 年起，为 60 岁以上村民代缴新农合费。2011 年，调整老年人生活补助费，65 岁以上村民每月 30 元，70 ～ 79 岁每月 40 元，80 ～ 89 岁每月 50 元，90 岁以上每月 100 元，还为 60 岁以上村民代缴 60 元新农合费。

五保户供养 新中国成立初期，村里对老弱孤寡和丧失劳动能力的村民给予经济扶助，保证其基本生活。1958 年，人民公社成立后，对病弱孤寡老人和丧失劳动能力的人实行“五保”，即保吃、保住、保穿、保医、保葬。五保户的生活费用由大队统筹，从公益金中支出。对于病弱残疾、生活不能自理的五保户，大队安排近邻或亲属负责照顾，给予一定的工分补助。五保户病故，大队负责安葬，遗产归集体所有。改革开放后，万家村把 2 名五保供养人员送入王村敬老院安度晚年，费用由村委会支付。2017 年，有 3 名五保户供养于王村敬老院。

艺文杂记

万家村人杰地灵，文化底蕴深厚，有许多文学艺术作品传承至今。其中，有诗词、对联、碑文、祭文、故事、传说等，多角度、多方位展示了明清两朝毕氏家族中的乡贤俊彦、名臣廉吏的精神风貌。

诗词

九日同云石莲舟登少华山

〔明〕毕木

秋色华峰好，登临此日闲。
浮云连别墅，晚照下青山。
野菊知筵客，仙茅解驻颜。
漫寻小歇处，以破利名关。

病起游万安溪

〔明〕毕木

烟村泯泯一泉通，百折无挠向大东。
土筑丈堤成宝鉴，石开尺窗走长虹。
清除病鬼怡晴日，爽健脾神任好风。
寄语白云深处客，清涟佳况让溪翁。

赋得春风入菡萏

〔明〕毕自严

微风起青苹，吹入芙蕖畔。
翠盖相招摇，红妆争历乱。
伫观绰约姿，忽讶天香荐。
中有鵁鹭群，唼喋时隐现。
高怀忆茂叔，昕夕起留恋。

石隐园怀古

〔明〕毕自严

天地为蘧庐，光阴成驹隙。
名誉等浮沤，冠簪亦陈迹。

世网空劳劳，礼法殊役役。
所以贤达士，雅有烟霞癖。
山简迷目花，赞皇醒酒石。
李白桃李园，谢眺青山宅。
缔思古人风，堪作今人格。
余今凋朱颜，何须恋赤舄。
抗疏谢轩冕，跣足践蓬藋。
筑屋治场圃，宾云友泉石。
赋性本清真，秉心矢皓白。
阶前饶葱蒨，架上富坟籍。
黄鸟鸣林皋，蠹鱼侵几席。
醴酒恣欢娱，山蔬供烹炙。
焚香理素书，悬榻迎山客。
维石性最坚，从不受磨折。
余隐誓效之，腐鼠安能吓。
不慕公与侯，何心仙与释？
宁知春与秋，并忘朝与夕。
斯为石隐园，吾以适我适。

咏石隐园

〔明〕毕自寅

司农园中何不有，问园何以石隐园。
曾佐圣朝执大象，故邀玄象作主盟。
朴茂古风振颓俗，灵心妙手抉玄精。
关西鹰隼门庭列，江左魁元月旦评。
馈饷航樯云俱进，捐输心事月同明。
豸冠迭握两都宪，凤诰频颁三代荣。
茂叔池开香逾远，晋公堂辟韵弥清。
神交麋至为朋侣，道契行联作弟兄。

爱石欲将石俱隐，岂同曲士守硁硁。
擎天砥柱暂休沐，终日闭关介石贞。
共道东山谢安石，他时廊庙作璜琮。
阿谁为君记石隐，琅琅掷地有金声。

清明同友人游虎头石

〔明〕毕自寅

风雨清明景倍新，鸣鸠花里唤友人。
虎威仿佛生奇石，塔影依稀转法轮。
兴剧溪山泥不滑，盟坚诗酒味逾真。
夭桃若为摧芳节，可信侬行乐及春。

清明日独上长白有怀

〔清〕毕世持

清明无伴却登高，惭愧东风到杏桃。
我爱此山欲埋骨，不知何日取为陶。

立夏前一日看绣球

〔清〕毕世持

梨花散碎杨花荡，只有阿侬白上头。
可是冯唐晚未达，莫因潘岳早多愁。
梦为春雪飞无力，寒依东风嫁却羞。
珍重眼前流水意，相凭努力一登楼。

憩园八景

〔清〕毕远烯[①]

蜿蜒花径水流澌，翳翳槐荫日照迟。

① 字晖吉，万家庄人，毕道远族兄，生平不详。

户对南山仁者寿，篱含疏月静之机。
袅空淡荡茶烟霭，绕屋芬芳菜味奇。
槛外鸣鸠将唤雨，桔槔偏入梦来时。

和晖吉憩园八景

〔清〕毕道远

井泉新水汲澌澌，花径蔬畦布润迟。
家有弊庐堪息景，儿能抱瓮亦忘机。
莫嫌学圃人称老，正好传经问字奇。
却忆憩园相对久，石边篱畔品茶时。

咏松江司理毕自严

毕坤德[①]

舆台任六年，仕途甫开瑞。
博大显凝重，临机气宇轩。
综核如老吏，裁决无左袒。
德行夙端悫，才干更非凡。
鞫狱无积案，纠偏雪沉冤。
为国躬尽瘁，救民解倒悬。
贤达交莫逆，同仁结金兰。
政绩诚卓越，廉名海内传。
擢拔履大任，百姓苦相挽。
无限离别意，临岐泪潸然。
逶迤百里送，依依到江边。

---

① 1947年11月生，王村镇大史村人。祖籍万家村，淄西毕氏十九世孙。历任大史大队大队长、村主任、党支部书记等。坚持业余创作，出版《泽润斋诗词》。

咏礼部尚书毕道远

毕坤德

金榜题名披红纱，一日阅尽京城花。
书法名冠四小派，文章媲美八大家。
两任主考除流弊，三督仓场绝浮夸。
朝廷赖以股肱吏，通权达变智无涯。

鹧鸪天 · 老家庙

毕敬德①

毕氏望族根如磐，六百春秋高祖贤。
诗礼门第十七世，孝友家风五百年。
列祖像，供其间，岁时节令勤奠献。
家庙旧堂今犹在，修复在望后世瞻。

咏辽东巡抚毕自肃

毕敬德

雄才大略冲阳公，刚正不阿逆境中。
初援定兴施惠政，为民赢得神君名。
佥都御史敢直谏，辽东巡抚气魄宏。
只因阉奸污良臣，忠魂化作关山松。

初访族叔敬德别业有感

毕于润②

我族多处士，敬德出平民。
日出忙环保，暇时研诗文。

① 万家村人。明辽东巡抚毕自肃第十二世孙。初中毕业后务农，坚持业余创作，著有《陶然堂文集》。

② 王村镇栗家村人，祖籍万家村，淄西毕氏二十世孙，著有《毕氏家族文化拾遗集》。

生虽不逢时，不惑通古今。
多结名流辈，朗朗诗书吟。
酒酣墨作画，耳热笔成文。
巧布溪边园，室壁书画真。
我行亦我素，才气日月新。
最重先祖德，毕氏好子孙。

◉ 赋颂

万家村赋

毕敬德

白云山岫兮，彩云飞。万安溪水兮，绿波泓。万家村古今之吉地也。村前豹岩而虎踞，村后长白如龙盘。西依玉清水澄碧，东邻白泥河蜿蜒。扼东莱之锁钥，掌省府之要冲；聚白云之瑞气，切玉清之灵脉。物华天宝，蕴斗光毓奇之锦绣；人杰地灵，荟贤士俊才之辈出。

环顾四象，发幽思怀古之慨兮，追忆故园。忆万安尚书之府第兮，狮子大门，飞檐斗拱，巍峨壮观。高楼五层，直插云天，气势卓然。百间厅堂，回廊幽幽，步步穿花。上马两石，浮雕神韵，精美绝伦。呜呼！天有不测风云兮，陡生祸端。钟鸣鼎食之难久长兮；地覆天翻。万姓一朝失势兮，豪华不现。

遥想当年，淄西毕氏六世祖忠臣公兮；慧眼卓荦，生根展叶。七世祖毕木兮，教子有方。三士同升，为国建功兮；四世一品，名垂青史。明清两朝兮，有五位进士，国史载名。功名旗杆竖立兮，管弦晔煜，族光村荣。

忆昔故往，老家庙祖光荣兮，诗礼仁孝。菩提庵香火旺兮，平安阜康。堡子城王恭人率子建兮，后世礼赞。道远公高风亮节兮，翰墨传承。十七世诗礼门第兮，煌煌望族。

五百年孝友家风兮，奕代流芳。置身故地兮，思绪绵绵，感怀村史兮，情意深深。看今朝兮，欣欣盛世，国富民裕。万家古村兮，与时俱进，更著新颜。村两委继往开来兮，广纳民意，奋发进取。各界有识之士兮，捐资献力。光祖德昭后人兮，弘懿业于未来。

信步万家村兮，房新宅丽。万安溪兮，雕栏石砌，鸟语花香，绿柳婆娑。莲花池兮，亭台桥榭，碧水清波，荷艳蜓飞。石牌坊兮，巍然屹立，重焕新姿。玉清湖水兮，波光粼粼，云影天光，鱼游鹭戏。

今之古村建筑群兮，省级文保。国家传统村落兮，声名鹊起，蜚声华夏。以德树人纪录片兮，央视播出。乡村记忆博物馆兮，留住乡愁。嗟夫！高吟俯唱兮，逸兴湍飞。抚今追昔兮，振发豪气。乘桴明志兮，扬先贤之遗风。奋发图强兮，创福祉于未来。齐心协力兮，圆梦小康。万家村，美哉！壮哉！

毕氏先贤颂

毕坤德

淄西毕氏，迁自石塘。始祖敬贤，玉韫珠藏。定居西铺，亦稼亦庠。修身齐家，人丁兴旺，先祖忠臣，乔迁万庄。

向者，穆穆乡贤，志俨公荣膺保正：处世公允，倍受乡党推崇。济困扶危，忠臣公一心向善：宽仁乐施，不分异姓同宗。苦志公车，木祖科举不第：延师家塾，志在望子成龙。鏖战棘闱，自严公捷足登第；司理松江，肇启万里鹏程。度支户部，大司农之宏谟：臁日理财，扶大厦之将倾。巡抚辽东，中丞公之雄略：力挽狂澜，神机板筑五城。燮理河朔，自寅公之惠政；吴桥蒙诟，尽是肖小讹评。南通秉钧，际有公之雅望：挂印归里，礼遇般阳之蒲翁。韩海苏潮，际竑公才高八斗；《讷庵痴说》，堪称绝妙琼章。奎壁映辉，盛青盛赞折桂：联翩鹊起，提振缙绅之颙望。初露锋芒，世济公乡试中举；才华横溢，帝京春试之羽伤。归授生徒，桃李腾蛟起凤；著述立论，文若陆海潘江。衰年赤身卧雪，盛夏曝背骄阳。乡试夺魁，世持公之神笔；旷代风采，文章倾动四方。经营直隶，昌绪公之谋略：为民父母，殚精竭虑于异乡。国之瑰宝，道远公大清廉吏；铁画银钩，书法不逊二王。取士纳贤，两莅主考宝座；弊绝风清，三督社稷仓场。族人毕坤德有诗赞曰：淄西毕氏，烜赫岱东。科甲蝉联，奕代簪缨。政绩卓著，遐迩蜚声。上溯大明，下迄清朝。天宠焜耀，国恩家荣。济济才俊，如日方东。煜煜煌煌，史乘彪炳。嗟乎！先哲懿范，积厚流光。遗风余韵，山高水长。建国以来，辈出贤良。凝心聚力，再创辉煌。

◉ 楹联

白业堂楹联

毕木

积善修白业，

读书养道心。

投豆亭楹联

毕木

检点身心投豆亭中无黑子，

怡愉情性护花篱畔赏黄英。

黄发楼楹联

毕木

荣辱是非勤苦一生心太拙，

短长黑白蓬松六秩发初黄。

玉清堂楹联

毕木

君子禔躬重于山　直北岩岩仰止，

大夫比德清如玉　此心翼翼思齐。

狮子大门楹联

毕道远

十七世诗礼门第，

五百年孝友家风。

◉ 碑记

敕封文林郎直隶松江府推官舜石毕公墓志铭 ①

〔明〕王教

封司理毕公殁之明年，而子以进士中白高君状来，并所为摭公生平以授教，使志之。余固谢俚不任，则以公少与余同师仪部松石张先生，数以义不可，但已唯唯，为次其事如左：

公讳木，字子近，号舜石。其先枣强人，淄之毕则祖敬贤，由益石塘坞徙也。五传为公，王父讳恪，配王氏。恪生忠臣，有名旌善亭，配王氏，实生公。公少而隽爽，张先生意不可一世士，独奇公，及门士无抗行者已，补郡诸生。每集丰神骏发，独以意剽剥古今人物，幽明之变，乍若反异，知及者覆有取焉。然性俶傥自喜，一夕揖诸君士，苦占毕日，握龥手一编，令乡大夫东向坐而责我，唯诸君能我，乃不羁意欲他耳。稍入为儒官，因极意人间之好，时为古歌行、近体诗、乐府诸什，取逸娱而已。性至孝，哭二亲，棘裁胜，丧且祔，怆然谓："其属古练，已用栗主祏神，或冯焉。恶子父一堂如在者，吾欲塑以像之，亦自像也。"复为祠，自始祖以下，谛昭穆以世，聚族而享之。兄弟七人业见，谓："敏不得用，愦愦自诿事小。"剧辄推公往，不则往往咎缢常长。弟相与笑："学书牍背二十年，不如季之文也。"及异产射符，公后往，分于兄仲，产独良。公笑谓"我习安其堵者"。让还仲墅，跳身卜栽于万村之西原荒焉。当其时，御史微诸豪，追治之邑，恶少因缘为耳目中伤人，公长弟先后三罹之。公奋然口："吾口所置杖而问者未之敢后，今我在也，而人藉吾兄方急时橐饘。"从之君邸。雨雪，手足皲疡。会仲亡，邑名捕株及孥之微。公登堂慷慨置对，无一二兄弟蛰手断手急，则听其雉经于先垄耳。既仲赫然得脱原隰，而两兄先后亦再得解，然公终不自有也。长弟察公不忒没，更属之孤，俾相其室抵成立，及时鹏事，构市议，持之急曰："是安属于毛者，而令坐拥万镪为?"公挹彼量兹，所以填抚之。至有衡，概竟事不私一廛也。公虽脱然于六籍之偿乎始，但谓无所事儒已，用讼兄，意不能无怏怏。及抚多丈夫子且才，曰："是足复前日之骑矣。曩者，我真自娱耳"。群萃就闲燕，一嬉感愤，无聊不平之气有动于中，一快之于子，而时自临课

① 引自万家村委编《毕氏文化》，2016 年 11 月第六期。

之，而故趋踊之。方解，方闲、方缓、方急，不使迁异物寸阴。于时，中白君以文章岳岳诸生间，及馆，公两人交重也，曰：是真吾儿子师矣。为责善簿二，先祠书其课而揭其不勉者，以耻之于祖。其叙略曰："士无通塞辟乃辱也，骄惰之心入焉"，而坠比觵罚鼓鸣及之，宁不亦私我畏我者，淫从交口，暱谓徐公不美，不于父将焉取之。"其为论不主故常如此。暨比部君占省，解人争从，仆马出入，过它客为笑乐。公故益严其扃，曰："士欲举大名耳，幸少兆，安得偷欲休于是。"比部君屏息。伊吾不敢自比于人。而诸子争人人自砥，试无不人人最上考矣。壬辰，比部君举进士，授松江府推官，始一解颜而笑曰："孺子试为吏郄矣。"往无亦监于若伯氏，诬为天子吏，乃从晦室掇取一二，睚眦之余，文至之不畏鬼责哉？观于浊水者迷于清洲，而翁幸饔飧具义，不以儿贾矣。既比部君以廉平著名吴越间，声藉甚最，上封公如子官，人谓强宗何事不可者，公更泣谓："今孰与诸不逞为隟时，何可遂一日于车上偋也。于拮据之不易，惧覆亡之无日，族党非孱焉。"无告一二，为谒于公诸亿负众庶，无因齮龁，人实窃籍名以行，而曰："不为若者，当不得生活耶？则决疣为痛，一委之，我无与知。"因之，闻益章。公悉裁以义骂，弗与通。人无横者，乃其呴嚅缓急，践更有亡；无以颇，族党畏怀之。旧缘瓯窭，财自给，而诸利薮若山阪，炭物、子母、奇衺之赢，客至争言便宜，一谢之少有。则以贷里人之饿者，或以产粥，度非其任不受，视其抵质剂入立偿之，曰："我乃徼取之，复与不当阨，是重困也。"间为具迎，致里中八九十岁老人亲执席而馈。虽罢士无伍至者，未尝不哀其穷，亟收之，曰："是不亦足哂笑，待奕而集诟吐之也。"

晚筑宅西圃，垒石为山，水激之，独啸歌其中，而诸客来者曰："吾所敬陶彭泽之流，脱屣如归，能使主人侧弁，不知有实筵，徒缪为恭正席，扶席久之，举匕箸不能下，吾甚重之惮之。"时载酒从诸好事者，寻诸名胜，幸至岸帻，千言援笔，木叶风簌簌下也。参政薛公，司理吴公及邦大夫稔公，明悉治理，先后造膝问所以安辑百姓。语及必尽言属之。居间则不应。尝请饮乡射，归而曰惜哉，再终谢不往。尤喜读《圆觉楞严》，诸品议超然玄著，而诸上章化度议身，非所言之物而言，则定以为此属得无暴焚以诞，田舍媪可耳弗信也。

疾且革，余往视之，曰："人死犹有鬼乎？"余笑亦笑已，复喟然曰："世岂有不死之人哉？犹且死乎，彼其所得，须臾早莫，奚以异知生哉？"时比部君以谳疑，能传古义，天子念浙囚冤不白、多瘐死者，以君往，而公疾作竟逝，无一语儿女，翛然而化。盖万历辛丑正月二十二日也，距生嘉靖丁酉八月二十八日，年六十有五。原配刘氏，封太孺人；贰室王氏、李氏、王氏。子八：长自耕，早卒，次自耘，郡庠生，娶赵氏，继娶王氏；次自慎，郡廪生，娶刘氏；次自严，刑部主事，娶胡氏，封孺人；次自裕，邑廪生，娶魏氏；次自修，郡廪生，娶王氏；次自强，邑庠生，娶袭氏；次自肃，邑庠生，娶王氏。女八：长适牛大业，次适庠生殷师胶，次适吴凤，次适庠生王道振，次适高丕烈，次受庠生王任子家振聘，次受太学生胡宗尹子与艮聘，次受庠生张文绣子御化聘。孙三人，俱自耘出。际泰，聘庠生曹梦葵女，际复聘庠生赵大勋女，胤丰幼，为自严嗣，聘太学生王世颖女。女孙六：一自耕出，适王弘焘，一自耘出，幼未字，二自慎出，一受太学生韩潇子茂枢聘，一幼未字，一自裕出，受太学生曹梦芹子烛聘，一自修出，受武举王补子家琏聘。

卜以壬寅冬十月十九日葬公于玉清之新阡。盖公尝曰：吾平生心力足了十人，十九瘁与其子。云教所由湮，里中儿习谓不，不学无害，急则以自绝。而公手携诸子，并超并驰，致使岳牧群伯争客之，庶几一见问裘箕。及驾之，要逡巡，恐不得当也。是遵何术哉？语曰：千里一士至。比部君言公阔达足智，善料人贵富险夷，由是义不由苟简，既往不念前倨，不色市，不易交，屹然为一乡之重。呜呼！近之矣。铭曰：

瞻彼北山，英英白云。公实生之，唯公之德。敏给以安，恢恢齐齐。孰是内讧，为鬼为蜮。兄危与危，匹妇舐犊。谓苟而可，良玉弗治。不其或逢，鬻回而骄。饫彼封靡，公曰胡然。其子之似，而忒为仪，习之童丱。施于有政。而父而师，疆不茹柔。义不苟获，饘粥自卑。恶贤如公，亦云可使。而晦其施，必报于投。滋祚之胤。系公之遗。宿草寒云，皋如宰如。吁嗟徂兮！

皇清前诰封恭人毕府王太君墓志铭[①]

恭人王氏，淄邑望族也。父济江公，衣冠济美，以财雄于邑，遗腹女是为恭人。会母亦遂卒，抚养于叔父满城令陟三公家。幼即庄慧，年七八龄俨若成人。间佐理家务，每出语愔合闺范，大母每常执而目之曰：“若为男子当大乃宗矣。”甫及笄，归于中丞公。时家室新造，而恭人总理周详。中丞公无内顾忧，联翩上第矣。嗣从宦辙裨益尤多。偶谈及古人懿绩，即能洞悉大意，期以则效，盖天分素优如此。迨中丞公捐宾客，

① 淄川高珩撰文，章丘焦毓瑞撰额，新城王士禛书丹。录自万家村委存《皇清前诰封恭人毕府王太君墓志铭》，2017 年 12 月出土。

扶榇归里，藐诸孤于豺狼荆棘中，毅然有以自立，而侧目者渐辑，家声亦渐振。其训诸嗣君也，严切提命，血泪茕茕常满襟袖间。季子际端侧室张出也，张旋弃世，恭人抚之爱有加焉。迨入泮授室，指示两嗣君曰："是克无愧汝先人矣。"际复早世遗孤呱呱，恭人之扶之也，一如季子鸣鸠之爱，奕世无替也。恭人赋性仁惠，泽及闾井。时明季兵燹荒歉踵至，即出廪倒笥，纠工筑堡，饥民得借延残喘，而于恤灾御患，尤有长策焉。后丁亥，谢迁陷淄城，盘踞者阅月。邑士大夫及姻亲族人望堡如归，不佞亦兴焉。恭人授餐丰洁，始终无惰容，其于古贤媛鬻发延宾过之远矣。确守先时世业，转倍增于中丞在时。而待以举火者目亦众，又出资完人婚嫁，施棺助葬，泽及泉壤。焚券而代偿贷赎，诸如此类者不可更数。或身家艰苦，以役未归，或子妇悖逆，父母不慈，必多方护惜，婉言劝勉，俾各得其所。始以其忧乐相关，纾祸解纷之谊复如此。而箧衍从无私蓄，锱铢鲜有。锁钥咸有，所司不自启闭。诸嗣君折爨时，田园器具，一草一粒籍策阄分，皎皎青天白日矣。丁酉，孙盛青登贤书，恭人乃为诸子一开颜曰："此汝父生平质直，为国忠勤，未食其报，天其以此相贶也。然可畏不可恃，汝辈当益敬慎，以承天庥哉。"兹后卑牧淡泊，尤逾畴昔，器量洪远又如此。

恭人志气清明，既当弥留之际未尝昏乱，居常能作远观。屡以后世相嘱，训俭戒夸。违养之次年戊午，曾孙世持举山东第一人，遗泽不亦远欤！明泰昌元年，以中丞公北直隶保定府定兴县知县敕封孺人。于天启三年，任礼部主客，清吏司主事，敕封安人。于天启六年，任山东布政司，宁前道右参议兼按察司佥事，诰封恭人。于天启七年，整饬宁前道，太仆寺少卿，诰封恭人。迨中丞公以都察院右佥都御史巡抚辽东，旋即遇变，未得诰封云。生于明万历二十六年四月初三日丑时，卒于皇清康熙十六年四月二十二日戌时，享年八十二岁。盖予读恭人行实，恻然者久之，而乃怡然以喜，作而叹曰："甚矣，人事之不可测，而天道之不爽也！夫愿为良臣，不愿为忠臣，此郑公之志，而亦万世人臣之志也。"然而时与志忤，则良臣之遇难矣。至忠臣之履巇尯而卒，臻康豫也。其事之难又百倍于良臣矣！笄袆之英亦有然者。方中丞公开府三韩时，兄白阳先生正计相之席，花萼相辉映，棨戟交于海内，一何盛也。无何而中丞公谢宾客矣。恭人已称未亡人，拥二三茕茕孤子形影相吊矣。然尚书公曳履星辰之际也。不数年，而尚书公亦归田，无何而复骑箕尾。升又未几，而胜国之社亦墟，陵谷顿改矣。当是时也，猰貐睥睨于上，虓虎跳掷于侧，磨牙饮血曾不崇朝矣。而恭人屹如山岳，不震不悚，内修其穑事，而外御其侮。诸嗣君或则仁心为质曲致券，口鞠口之欢，或则义形于色。排惊涛骇浪而双手抵之，卒不能有所加于我，而陨中丞公之绪者。此孰非恭人之仁育义正以由此也。是不止丸熊剪发，有以玉膝下于成，乃复以耕耨之余，洁业阳钟，离而过之翳桑之士颂亦不休，倚吁美矣。是又须眉丈夫所未易也。孙中书君联翩上第，出入承明，以锦衣拜舞膝下。捧觞上寿者十七年。视昔人谨以含饴为乐事者，方此何如耶。及曾孙复冠贤书，恭人素帏犹在堂也。炳香而告，益严若其临之矣。故一门之内，肃肃雍雍太和洋溢，亦復俨若朝典，孝友之仪列邑承流焉。瑱环大师不必宣文缥缃也。几履虎尾，而彼卒折角，谓非天之相之不可，而恭人之能承天以受福者，良不易易矣。此于忠臣而良臣也，不亦兼至矣乎。异而者，太史采风，中垒缉传，知其焜煌，百世不疑耳。子三人：长际竑，岁贡生，娶明江南常州府武进县主簿，同邑韩公溥女，卒，继娶明陕西临洮府同知、辽东佟公讳守任女。副室李孺人出。次际竩，援贡生，敕封文林郎中书舍人，娶明都察院贵州道监察御史，章丘宁公讳光先女，赠孺人。恭人出。次际端，邑庠生，卒，娶明浙江宁波府知府，同邑王公讳崇义男，封文林郎山西汾州府儒学教授讳睹男，庠生讳历永女，卒，继娶江南庐州府兵备道，益都赵公讳振业男，庠生讳继美女，卒，继娶北直隶固安县贡生，刘公讳我东女。副室张孺人出。女二：一适明北直隶通州兵备道，长山徐公讳日升男，庠生之大；一适明淮阳兵备道，新城王公讳之猷男，分守济宁、兖东、临清参将讳象丰男，援贡生與阶，俱恭人出。孙男八人，际竑出者二：盛育，郡庠生，娶明壬子经魁，新城王公讳與夔女；盛骨，庠生，娶兵部尚书，同邑孙公讳之獬男，援贡生候选州同知讳琰龄女。际竩出者四：盛胄，庠生，娶新城庠生王公讳與斌女，卒；盛青，辛丑进士，内阁中书舍人，娶太仆寺卿通政使司右通政，同邑韩公讳源男，山西潞安府同知讳茂柯女，赠孺人，卒，继娶明陕西庆阳府宁州州同知，同邑韩公讳淘男，庠生讳士楚女，封孺人：盛肩，庠生，娶明浙江布政使司右布政使，新城王公讳象晋男，敕封礼部仪制清吏司员外郎，讳與敕女，俱卒；盛膂，庠生，娶福建漳州府海澄县知县、同邑王公讳钟玖女。际端出者二：盛肤，庠生，娶明吏部考功清吏司郎中，新城王公讳象春男，武进士讳山立女；盛前娶封翰林秘书院检讨，同邑唐公讳曰俞女。孙女十一人，际竑出者四：一适余男，戊戌科进士，贵州威宁府平越县知县之；一适刑科给事中，同邑孙公讳珀龄男兰笪；一适章丘庠生宁公讳持韩男，天选；一适武进士新城王公讳山立男，庠生士楚。际竩出者五：一适明山西应州知州，赠贵州道监察御史，同邑王公讳所须男，丙戌进士，敕授文林郎，河南宜阳县知县讳鼎荫男，廪生广钺；一适诰封光禄大夫、户部尚书加一级，益都孙公讳元昌男，岁贡生讳廷钟男宝僖；一适明丁未进士，工部营缮司员外郎，长山安公讳曦男，增生讳麟趾男，赉；一适江西布政使司右布政使，邹平张公讳毓泰男，援贡生讳景焱男，廪生峻；一适诰封浙江按察使司佥事，同邑沈公讳三变男，沨。际端出者二：一适福建漳州府海澄县知县，同邑王公讳钟玫男，庠生元楫；一适章丘庠生郭公讳国珍男，琰。曾孙八人，盛育出者一，世持，戊午年解元，娶诰封翰林院编修，益都翟公讳元会男，监生延祜女。盛胄出者一，世淑，庠生，娶累赠奉直大夫，同邑丘公讳广芳男，庠生讳媛女。盛青出者三：世淮，聘奉直大夫，广西思恩府同知，同邑孙公讳宗元男，增生讳宿壁女；世浩聘兵部右侍郎，章丘焦公讳毓瑞男，廪生讳舜同女；世瀚，聘少保兼太子太保，吏部尚书，内阁秘书院大学士，益都孙公讳廷铨男，内府光禄寺署丞讳宝仍女。盛肩出者一，世泌，娶廪生王公讳广钺女。盛骨出者二：世扩、世掄俱未聘。曾孙女十四人，盛育出者三：一适直隶河间府推官，余兄讳玮男，监生之骈男，庠生肇嗣；一适吏部进士，候补中行平博，新城王公讳士祐男，庠生启涫；一适明礼部尚书，文渊阁大学士，同邑张公讳至发男，贡生讳泰象男，贡生讳绂男，余庆。盛胄、出者三：一适贡生新城王公讳士禧男，庠生启涫；一字邹平庠生张公讳墀男，秉钺；一未字。盛青出者二：一适章丘廪生焦公讳舜年男，庠生纮祚；一字戊午经魁，邹平张公讳埙男，秉瑛。盛肩出者一，适明淮安府同知，新城王公讳之城男，太学生讳象孚男，庠生讳舆纬男，廪生讳士铎男，启运。盛骨出者三：一字工部屯田清吏司主事，新城荣公讳开男，慈；一字明文华殿中书，同邑韩公讳溉男，庠生讳茂柽男，庠生讳永康男，维宝；一未字。盛膂出者一，未字。盛前出者一，未字。元孙三人：海印，聘江南扬州府江防同知，同邑丘公讳璐男，监生讳辅晖女；海邸，聘吏部考功清吏司员外郎，新城王公讳士禄男，庠生讳启演女：海泌，未聘，俱世持出。元孙女三人，世持出者二：一字已酉举人，邹平张公讳侇男，庠生讳铎男，冲；一未字。世淑出者一，未字。兹于康熙十八年十一月二十九日，启中丞公之兆，而合厝焉。爰为之铭。铭曰：

郁郁佳城，逾彼怀清。千秋彤管，猗欤女踪，训齐严父，光振家声。宜簪笏之袭庆，永蝉联于孙曾。附中丞而含笑，是笄袆之杵婴。方翱翔于易迁，饬骖騑之云軿。贞珉不泐，示此仪型。

重修菩提庵庙碑记[①]

万家庄菩提庵，重修于雍正五年（1727），历百有余载复议重修，宜也。惟计积赀不敷用。萃升叔来京师商于余，则割俸入稍相助，工乃兴，不数月而工竣。凡神宇僧舍山门围墙罔不完，洵善举哉。萃升叔命作记，记其大略如此。虽然犹有说，夫庵之修将以妥神祈福也。而书曰：明德惟馨，诗曰：自求多福，传又曰：民和而神降之福。民各有心而鬼神乏主。是神仍依人而行也。是乡皆吾族，族之人果相与务本业，重廉耻，化争竞，尊卑长幼，各安其分而联以情式；和且睦，无贻外人诮者，则神之福吾族也，将独厚而无穷矣。不宁唯是庵之西，则廷佐公之墓在焉；北侧老家庙，廷佐公及黄发公遗像在焉；再西则新修八支家祠，以率我支祖冲阳公也，岁时报赛。因而徘徊四顾，其亦怦怦然动奉先率祖之深思乎。则又余助修是庵之微意也夫。

岁在己卯十一月户部总督仓场侍郎毕道远记并书

萬家莊菩提菴重修於雍正五年歷百有
餘載復議重修宜也惟計積貲不敷用萃
升叔來京師商於余則割俸入稍相助工
乃興不數月而工竣凡神宇僧舍山門圍
牆罔不完洵善舉哉萃升叔命作記記其
大略如此雖然猶有說夫菴之修將以妥
神而祈福也而書曰明德惟馨詩曰自求
多福傳又曰民和而神降之福民各有心
而鬼神之主是神仍依人而行也是鄉皆
吾族族之人果相與務本業重廉恥化爭
競尊卑長幼各安其分而聯以情式和且
睦無貽外人誚者則神之福吾族也將獨
厚而無窮矣不甯惟是菴之西則 廷佐
公之墓在焉北則老家廟 廷佐公及
黄髮公遺像在焉再西則新修八支家祠
以奉我支祖 沖陽公也歲時報賽因而
徘徊四顧其亦怦怦然動奉先率祖之深
思乎則又余助修是菴之微意也夫歲在
己卯十一月戶部總督倉場侍郎畢道遠
記並書

重修菩提庵庙碑记　　　　毕于琦　摄

修复玉清茔碑记

玉清茔，乃明崇祯帝诰赠光禄大夫、太子太保、户部尚书，毕公讳木字舜石之谕葬墓。为明代淄西毕氏3处谕葬墓之一，位于公之府第万家庄西北三里处。因北倚玉清山，

① 录自菩提庵西山墙《重修菩提庵庙碑记》。

南临玉清溪而得名。公生于嘉靖十六年（1537），卒于万历二十九年（1601）。其茔墓于崇祯四年按一品规制加修，冢高八丈，周九十步，神道左右分列翁仲、石兽，南端为二层三楹石牌坊，上镌御制“恩渥崇堦”。东为一赑屃驼圣旨碑，坊后分立二望柱，茔地二十六亩余，松柏参天，蔚为壮观。此茔毁于“文化大革命”，世人惋惜，族众痛心。

二〇〇三年淄博市政府行文，定为文保重点。据此，万家村两委领导毕伶德躬率两委广纳民意，博采众长，主导规划，鸠工庀材。西铺毕淑德等鼎力协办，多方联谊，广泛融资，以达事成。宝先、于润拟定碑文，于琦精心会计。历三月修复墓冢、立碑、修桥通路、植树绿化等初期工程告竣。期（其）间，镇政府、各村村委及驻地企事业单位，毕氏族众，乡谊仁人，为恢复文物古迹，弘扬传统文化，无不热心支持慷慨解囊。特将捐资单位、个人，镌刻于后，以资纪念。

公元二〇〇三年修复玉清茔董事组　立

书丹　沈元忠

周村文化旅游局　立

公元二〇〇四年十一月

玉清茔碑（2003 年）　　　　毕于琦　摄

毕道远纪念馆碑记

万家庄原有毕氏八支旧家祠，为清光绪初年礼部尚书毕道远为祀其九世祖辽东巡抚自肃公所建也。虽历百年风雨，屡遭文化浩劫，侥幸保存至今。公元二〇〇三年被公布为淄博市文物保护单位。为传承优秀民族文化，纪念历史文化名人，保护文化古迹，于二〇〇四年四月动工，改建为毕道远纪念馆暨毕氏家族文化展馆。

万家庄地处长白之阳，万安溪畔，自古人杰地秀，山灵水光，为淄西毕氏发祥之地。明清以降，毕氏家族耕读传家，诗书继世，科举连第，人才辈出，为鲁中望族。其家族累代积淀起独到的治家治教之道，喻世之效，当在久远。毕道远是继毕自严、毕自肃之后毕氏家族出现的又一位中兴名人。他不仅是出于污泥而不染的一代廉吏，亦为清朝著名四大书法家。毕道远先生祖籍万家庄，其族父迁居淄川北乡牛家庄。先生以布衣之身而自强不息，在清道光、咸丰、同治、光绪四朝为官三十二任，历四十余年。多次出任山西、广西、顺天乡试主考官。长期做过户部侍郎、仓场总督、兵部、礼部尚书；恩赐紫禁城骑马、殊旨毋庸带领引见之殊荣。先生做官也竞竞，为人也惕惕，洁身自好，两袖清风，清袍尚书之名，虽逾百年，至今尚在父老乡亲口碑中。是真好官人民就想着他；先生书法名贯中华，欧筋颜骨，俊逸潇洒，却甘为平民写对联书文契，是真文化人人民就纪念他。

纪念馆之动议、之建设，有赖毕氏一族有识之士之奔走呼号，之无私力襄，之慷慨解囊，毕伶德、毕金先、毕宝先，毕淑德、毕耜宝、毕于润等为首倡者，骨干者也。是为记。

撰文　孙方之

书丹　沈元忠

周村文化旅游局　立

公元二〇〇四年十一月

橡子茔迁茔碑记

墓者，一席之地，殁者埋骨处也；茔者，数亩数顷之域，众祖先栖魂处也。古人以望山观水看地瞻天，加以五行八卦，阴阳调和之奥理而定，故有佳城，兆域之说矣。

西铺橡子茔为吾毕氏之老茔，文献记载：始祖石塘翁窃徙父母骨骸驰马北来，兄敬贒弟敬贵追将至，而将父母骨骸埋于庄西耕墒中，不卜而坟。后此处天生一橡树，故后世称为橡子茔。堪舆家望其脉来自豹山西北一带，环抱名堂，平阔蔚为佳原，则实为天赐之佳原兆域也。明清民国六百年间，八世以上众祖除老七支外皆葬于此；明诰赠光禄大夫、太子太保、户部尚书志俨公葬于此，上溯四百年，后世子孙春秋祭祀绵绵不绝，毕氏姻亲，城乡仕官顶礼膜拜于此，橡子茔显名于斯甚矣。

二〇〇五年九月，镇政府征此地办学，出资购地，由令德、淑德、明德征地迁茔于玉清山下玉清茔以北。玉清茔为明累诰赠光禄大夫、太子太保、户部尚书舜石公之墓地，又为明崇祯帝赐祭之谕葬墓，头枕玉清山，足临玉清溪，右顾省府，左望东海，自是极佳风水宝地。两茔相连而地接，众祖之灵相倚相伴，诚为一大幸事。亦为我后世数万子孙尽礼尽孝之壮举也。

迁茔之役，关乎祖先之灵安，牵动后世之感情，西铺族众出工尽力居多，村两委策划协调功德圆满。时逾一周年之际，西铺淑德不辞辛劳号召族间，协调村两委为此役居功之首，万家村令德征地垫支，规划布局，协调政府为功之最，西铺宝华竭力尽心亦为族间称道。他如郑家明德、西铺立恒、迎春、耜宝，章德、于海、于才、友德等，居其位尽其力亦为族中之楷模矣。为便于新迁“橡子茔”今后之维护、绿化、建设活动等事项，公推万家村负责投资管理。吾受执事会之托，撰写碑文而效其微长略尽一丝之力。墓迁既毕，为此役尽力者虽不能尽述，而实为不忘本源身体而力行者，望后世子孙视祖宗事为要事，牢记族规家训，光大我族，诗礼之家可传，名门望族永世，切望族人共勉之。

公元二〇〇六年十月　淄西毕氏阖族　迁茔执事会　同立

光前裕后碑记

夫万家古村，仰白云山回护，倚万安溪滋润，物华天宝，人杰地灵。系淄西毕氏望族发祥之地。建村五百余年间，贤才辈出，科甲蝉联，乃明代户部尚书毕自严、南京户部主事自寅、辽东巡抚自肃，清代芮城知县盛赞、赣州府同知盛青、山东解元世持、礼部尚书道远诸公之故里。官清士贤、德高望隆，铸就淳朴村风。其文化底蕴深厚，文物古迹甚丰。金花诰，麻蜡封，名标青史。四世一品，三士同升，万代显荣。白业堂、菩提庵、斗拱飞檐。投豆亭，堡子城，蔚为壮观。拱玉园风光旖旎，三石擎天。二舆园奇花异草，沁人心脾。当年毕公舜石，尝与王秋澄、韩约庵、王云石诸俊贤达士，共结文社，把酒论世，赋诗属对，寄兴于一觞一咏之间。谕葬三墓，松柏荫翳，坊表耸立，气势恢弘，闻名遐迩。

呜呼！可惜清末以降，外扰内乱，村中古迹，日渐颓隳。十年动乱，典籍化灰，文物殆尽。

改革开放，欣逢盛世。政通人和，百废俱兴。时任村两委领导毕伶德，躬率两委，广纳民言，博采众长，抢救保护，遗迹得修，创新发展，古村繁荣。幢幢民楼平地起，街巷硬化路平整。勘址凿井利饮灌，水网管理获誉名。路灯辉照村不夜，玉清湖水映彩虹。卫生室祛疾除病，文化室书香翰涌。憩园中亭桥水榭，力盛苑歌舞升平。万方蓄水碧连天，浇田养鱼尽欢颜。玉清茔渐次修复，椽子墓迁址灵安。起宝鼎四时享祭，纪念馆文物丰满……件件新景溢彩，处处面貌璀璨。

为铭记村史，褒扬诸贤，激励当代，昭示后人，特立此碑。并将捐资诸单位

光前裕后碑（2008 年）　　李景花　摄

和个人之名单镌于碑阴，永志纪念。

淄川后学王宜谦、彭延华　撰

公元二〇〇八年仲夏　万家村两委立

华夏毕氏始祖公高碑记

参天之木，必有其根。环山之水，必有其源。毕氏肇姓起源者，上溯于黄帝，下源于周文王。文王第十五子名高。佐其兄王诛纣，以建大周王朝。高为周初三公之一，辅弼三朝君主，树德固基，功高德厚，受封于毕塬，为毕国之君，故尊称毕公高。其子孙以国为姓，公高为毕氏之始祖也。

自公高封毕肇姓，子孙繁衍，散居九州。历朝历代，英才辈出，贤官廉吏，彪炳青史。今择其著者以载之：毕万仕晋因功封魏，其后裔为战国七雄之魏国君主；晋吏部郎毕卓；唐推景公毕构、忠公毕炕、大司马平章毕諴；宋则抗金名将毕再遇、名相文简公毕士安、布衣毕昇，活字印刷，世界推重。登正卿者明毕亨、毕锵、毕自严；清毕沅、毕道远。亚卿者毕懋良，毕懋康等。毕氏荣耀，三千余年，世代贤者，名不胜书，无愧于华夏之望族也。

毕公高碑（2010 年）　　李景花　摄

今逢盛世，国泰民安。经省内外部分支系代表联谊会商定：于族人聚居，文化底蕴丰厚的万家古村，恭立毕氏始祖公高碑，以追思先祖，弘扬族德，激励后人，奋发图强，建功报国，后裔奠献，世人观瞻，永志纪念。

毕氏后裔各支代表联谊会

公元二〇一〇年仲秋　立

重修毕忠臣谕葬墓碑记

淄西毕氏，石塘老翁，以农为本，诗书继世，望族贵姓，毕恪发荣。忠臣黄发，瓜瓞枝永。老七少八，愈是聪颖。硕儒贤达，群星辉涌。万安溪水，泉流淙淙。南岸吉壤，乃为老茔。淄西毕氏老七支，乃六世祖忠臣公之宗传也。公晚年自卜兆域，亲植松柏、白杨百余株，枝繁叶茂，景色天成。后有檠、架、丛、树及木公长子自耕安葬于此。老茔原占地三十余亩，因孙自严贵而赐谕葬。墓坐北面南。次第分布有赠一品坊、圣旨碑、碑楼、石像生、石至门等。品阶显赫，气势恢弘。然天有不测风云，兵变频仍，日伪暴横，茔内树株皆遭砍伐。一九五八年，济青公路拓修，茔地南端被占。一九六六年“文化大革命”，茔内文物碑破坏，唯忠臣公墓未掘，且墓碑、三根至门柱石有族人毕振德等藏匿，幸免于难。改革春风，拨乱反正。二〇一二年初，经淄西毕氏后裔联谊会商定重修老茔。万家村两委和广大村民共谋大计，鼎力襄持，令德统领全局，博采众长，率族人遍访耆老，汇集资料，先后赴曲阜、南京、北京等地多次考察，经村民代表、党员会议全票表决通过，镇投标办主持竞标，山东嘉祥华美雕塑有限公司精心设计，精雕细琢，按期完成。工程启动前，先行协商拆除企业房十二间，改签所需占地十三亩中两户租赁协议。七月初，基础肇始，村两委成员和部分村民冒酷暑，义务投工。八月五日，石像生立起。九月八日，新置石椁，伏维尚飨，举行忠臣公迁葬仪式。九月十九日，召开老七支后裔代表会，商定为各支祖先筹资迁墓立碑。各支后裔慷慨解囊，敦亲睦祖之心可昭。檠支于琦；从支沂源德胜、耜信、东北德林七兄弟、于舜、德英、德顺；林支于润、耜联、耜华、于林；树支坤德、忠德；本支明德、耜玺组织领办。架支、自耕支周边考无后嗣、令德、邵振兰为其祭祖。宝华、淑德、耜宝、吕家于波为自耕祖善资领办。万家村连德、淑先、先用、德明、德顺、永德、于方捐献古石料，大史村坤德、邵翁禄昌运来柱墩石。十月十三日，石至门立起。万家村德乾、宝先、于臣、德祥、德银、仁德、银德、圣德、耜玉、德均等耄耋之人无私捐助。鹤岗民德率子于军、于海，王村慕德六兄弟，东北德林七兄弟，进先、德英、于强祖孙三代，于舜率子侄十人，德顺，北京德林等懿行可嘉。十一月五日，完成神道、顺河石栏杆、绿化硬化工程。历时五个月，投资七十万元。农历九月二十八日，毕氏家族隆重举行忠臣公谕葬墓重修庆典暨时隔五十余年老茔祭祖仪式。二〇一三年十月，牌坊、圣旨碑、功德碑、忠臣公碑亭及神道第二期工程告竣。政府及有关部门为其隆重剪彩。修复工程中，万家村两委精心策划，社会各界及族人金先、淑德、德祥、坤德、于润、耜宝贡献巨大。特立此碑，彰之功德，以激励当代，昭示后人，并将捐资诸单位及个人镌名碑阴，永志纪念。

毕氏联谊会

二〇一三年十月

毕自肃墓碑记

公讳自肃（1580—1628）字范九，号冲阳。少小能文，擢冠童子科，游泮宫，称高材生，明万历三十一年（1603）举人，四十四年（1616）进士。初授河北定兴县令。公爱民如子，县处京城要道，凡借差枉道，横索逾例者，公概峻拒之，且置于法，驿困为苏；对复亩加派，骚然琐费等，公执言不从，多所裁节，而独清丈勋戚庄田，得隐租额一千余，而用之于民，大得民望。天启二年（1622），擢任礼部主事时，士民哭泣攀辕，不得行者累日，后为公建生祠，有“神君慈母”之称。四年又持节封肃藩；公沉毅果决又善谋略，以边复命提督会同馆，任内上“驭夷七事”，天子嘉纳。公处危边险地，以国为重，敢于担当。六年，升参议宁前兵备道。公备车就道，毅然任事。至则秋雨连绵，五城俱圮，公竭蹶版筑，不两月而工竣，以连修五城功晋副使。七年，以宁锦大捷功加太仆寺少卿。崇祯元年（1628），升都察院右佥都御史，巡抚辽东，赞理军务，遂条上“方略九事”。公履任六个月而缺饷四月，虽连上疏陈情，而有司托词推诿，以致川、湖饥军鼓噪兵变。公性素刚烈，不忍辱诬，遂十三日不食以身殉国。事迹载于《县志》《府志》。著有《辽东疏稿》、时礼部尚书兼东阁大学士郑以伟撰《墓志铭》。公卒后葬于章丘县普集镇袭家庄之西南毕家林，后世称西茔。阖族公议，今迁于此。

二〇一七年孟冬　万家村委补立

◉ 祭文

戊子祭祖墓文[1]

〔明〕毕木

维：我先祖世传枣强，分派居颜神之石塘坞。自国初高祖时徙居此地，卜葬此茔，世以耕读为业，清白门第，积德成家，衍我后人。至今相传九世，族人百丁以上，可谓盛茂矣。今有孙男自耘，系附学生员，自慎系廪膳生员，自严系增广生员，以诗经中山东乡试第二十四名。四幼读书骎骎日益，皆我祖宗积德垂裕发祥所由致也。檠等敬守先业，公平正直，不违理法，是不堕先志也。明神降福，岂有贪縻不谨，利己害人，违於理法，是堕其先志也。明神降殃，此后当勤谕族人，各益加兢惕，继承先志，谨守耕读之业，勿贻地下之羞，则今日之福，众人之福也。其或肆志无忌，自取罪愆，则今日之福他日之祸也。祖宗考妣咸洋洋在上，尚其鉴之。

玉清茔祭祖文

伏维，癸未良月，子孙奠献。毕氏万众，始祖敬贤。迁来淄西，六百余年。族众兴旺，子孙繁衍。敖恪忠臣，列祖相善。传至七世，木祖最贤，胸有壮志，学识博渊。治家存国，名重淄川。教子义方，不让燕山。八男成名，最著自严。明季名臣，一生清廉。仕至：光禄大夫，太子太保，户部尚书。为国尽瘁，竭力殚精。荣获诰赠，三代上封。四世一品，荣祖耀宗。获此殊荣，木祖之功。创业先祠，虔诚敬奉。朔望奠献，视侧如生。率子祭告，罚过赏功。置簿责善，庭训词明。督责了辈，痛自砥砺。学好读书，尤重素质，吃亏认错，良士之兴。居间放债，剥削不许。私攻煤井，家族最忌。恶不可隐，美不可虚。出为良臣，居为良士。生可面论，死可起质。孝友家风，诗礼门第。四百年来，子孙永记。世谱创立。三十二辈，以睦宗祖。彝伦有序，木祖训导，正人先己，建亭投豆。黄黑有异，无论尊卑。人可公议，日省己身。闻过则喜。作人楷模，贻德后世。贤哲之祖，荣耀之至。公有著作，黄发翁集。义厚奇伟，邑有传记。诗书文学，陶谢可比。毕氏文宗，四百年祭。世代孙曾，人才济济。德孝遗风，永传后世。

呜呼！不肖子孙告祭哀痛，列祖列宗，在天之灵。后裔万众，永继家风。祖宗安息，

---

① 录自毕木《黄发翁集》。

子孙心宁。哀哉！尚飨。

淄西毕氏十八世孙宝先敬撰

二〇〇三年农历九月

毕道远纪念馆暨毕氏宗祠祭文

伏维：

乙酉孟冬，遐迩归省。毕氏后裔，祭奠列宗。淄西圣地，人杰地灵。毕氏望族，烜赫岱东。上溯大明，下迄清朝。社稷名臣，蝉联不穷。诗礼门第，孝友家风。煜煜煌煌，史乘彪炳。洪武肇基，六合初清。始祖敬贤，纵志北行。崔家庄者，土厚溪清。筑士为宅，划地经营。迨至恪族，德行著称。四子忠臣，少有文名。宽仁乐施，威望日增。膝下七子，挂角囊萤。木祖子近，艺苑蜚声。三十二世，健笔敲定。三不三学，匡正家风。蔚起八俊，如日方东。棠棣竞秀，一代簪缨。皇恩浩荡，荣获赠封。四世一品，三士同升。伟哉白阳，大明精英。才华横溢，捷足先登。司理松江，口碑峥嵘。三举卓异，旌表德政。四筑生祠，奉若神明。遴选户部，卓著政声。臃目理财，足见精忠。石隐园稿，金石之声。惜哉旭阳，天资聪颖。吴桥蒙垢，玷污清名。痛哉冲阳，英年早薨。丰质伟岸，气魄恢弘。进士及第，初授定兴。除暴安良，广施惠政。民筑生祠，供奉虔诚。擢升御史，巡抚关宁。夙兴夜寐，板筑五城。权奸作祟，捐躯辽东。云孙仲任，重振雄风。承先启后，耀祖光宗。经史子集，融会贯通。五凤楼手，一代文宗。蟾宫折桂，雁塔题名。铁画银钩，腾蛟起凤。名扬天下，誉满帝京。兵礼两部，竭虑殚精。一品封疆，大清股肱。两任主考，流弊泯踪。三督仓场，国库充盈。度支精当，不徇私情。一身正气，两袖清风。海内黎庶，交口称颂。呜呼列宗，清慎廉明。后裔奠献，缅怀丰功。不肖子孙，告祭哀痛。遗风余思，世代传承。报本追源，共尽诚敬。祖宗安息，子孙心宁。哀哉！尚飨。

淄西毕氏十九世孙大史村　坤德敬撰

二〇〇五年农历十月一月

祭始祖公高暨各支始迁祖文

公元2010年农历九月二十九日，四方毕氏族众谨备牲醴庶馐，果蔬玄酒，奠献于公高碑前，神主位下，肃拜追远，上达我氏肇始远祖，各支始迁祖，先哲先贤，文曰：伏维：

吾氏肇姓，何其渊远。文王之子，吾祖爵显，位列三公，封国毕塬。
辅弼四朝，四圣列班。灭纣兴周，八百余年。伟哉毕公，功震宇寰。
大哉毕公，才德惊天。保厘东郊，国人感念。伐者翦逆，武王酒献。
成康之治，太师绩显。泽民驭吏，毕公之权。呜呼文明，始自哲贤。
我氏荣光，公高开先。我氏贵姓，三千余年。宋元洪武，各支徙迁。
各省诸派，共祖同源。居鲁中者，首推毕璿。先移枣强，后居博山。
石塘淄西，敬贵敬贤。五百余载，诗礼为先。大夫层出，世爵迭现。
滨州一支，顺甫始迁。繁衍东营，瓜瓞绵绵。斯时积德，代代忠贤。
桓台宗人，辉煌灿烂。善甫庆甫，族大裔繁。明清之际，科甲蝉联。
莱芜毕戚，仁者尚善。子裔众庶，闻人多见。文登毕征，豪气胸满。
胶东土著，布德千年。阳信祥甫，孝悌当前。益都有能，施惠邑间。
商河有才，明德尚贤。历章毕成，淄西脉源。章邑自恩，立业维艰。
夏津志刚，淄派相联。胶庠成均，文武散官。平阴文荣，居省西南。
方平福亮，东平居焉。名门望族，上溯于汉。达世毕堂，曲阜沂源。
两支并秀，孝义相传。十八支派，同根追远。公高有知，含笑九泉。
列祖有灵，笑慰九天。谨此上达，慰我祖先。尚飨。

淄西毕氏二十世孙于润　拜撰

公元二〇一〇年十月二十七日

毕忠臣迁葬大吉祝文

伏维：

忠臣冥府，兆域吉地。淄西毕氏，由此发迹。五百余年，辉煌无比。
世事更迭，有时违忌。墓冢荡平，石像肢离。至门拆除，忠魂凄凄。
巍巍牌坊，毁于修衢。圣旨碑楼，夷为平地。“文革”浩劫，谕葬泯迹。

四十七载，痛哉惋惜。幸有振德，墓碑藏匿。墓穴未掘，又掩柱石。
族人公论，一大功绩。六世祖考，德行厚积。泽被后世，子孙福祉。
欣逢盛世，族人合议。修复墓地，窀穸北移。由此向南，三十七米。
原墓方位，西去十米。新置石椁，墓碑重立。石像栩栩，彰显威仪。
阖族同心，迁葬大吉。牲醴果蔬，虔诚致祭。告慰先灵，佳城安息。
哀哉！尚飨。

淄西毕氏十九世孙伶德　拜撰

二〇一二年农历七月二十三日

二〇一七年毕氏后裔祭祖文

初冬时节，天高云淡，传统节日，祭祀祖先，今天，我们毕氏后裔从全国各地赶来，肃立于始祖公高碑前，隆重举行祭祖盛典，奉上牲醴，献上酒馔，燃起香烛，虔诚地予以祭奠。其文曰：

我族毕氏，源远流长。始祖公高，辅佐周王。
位列三公，治国兴邦。三朝元老，功高德望。
文韬武略，名扬四方。封于毕塬，万民景仰。
以国立姓，毕氏发祥。后代子孙，瓜瓞蕃衍。
枝分叶布，南国北疆。三千年来，族大业隆。
赫赫贵姓，赳赳壮壮。族中英才，层出不穷。
历朝历代，辉辉煌煌。春秋毕万，经略魏邦。
晋代毕卓，吏部为郎。唐朝毕构，武功盖世。
北宋士安，寇准并相。布衣毕昇，印刷鼻祖。
南宋再遇，抗金名将。明朝正卿，锵亨自严。
清代道远，总督仓场。清袍尚书，美名远扬。
代代贤达，数不胜数。名垂千古，百世留（流）芳。
呜呼！
始祖功勋，如日行天。先贤业绩，似河经地。
大英大杰，我之祖先。可敬可佩，我族榜样。
先祖奠基，后代传扬。列祖厚德，永世不忘。

报本追远（源），山高水长。承前启后，奋发图强。

毕氏文化，光前裕后。毕氏望族，蒸蒸日上。

阖族同心，黄土变金。自强不息，再创辉煌。

造福当代，贻福后代。慰藉列祖，英灵安康。

列祖列宗，伏惟尚飨。

淄西毕氏十九世孙德祥　敬撰

二〇一七年农历九月二十八日

◉ 传说　故事

老鸹窝

明嘉靖年间（1522—1566），六世毕忠臣迁居万家庄。自卜寿域（即后代所称老墓田），种植杨树、松柏 200 余株。数年后，枝繁叶茂，绿树成荫。一日，毕忠臣遇云游之风水先生，言及这方吉地后世必出百官。忠臣知道天机不可泄露，便说："老兄过奖了。"那风水先生说："你若不信，就此打赌，可在此地埋上杨木橛子，放上鸡蛋，定能发芽，孵出小鸡。"毕忠臣淡然一笑，赌就赌吧！风水先生走后，他嘱咐管家"偷梁换柱"，埋上烧煳的橛子，放上煮熟的鸡蛋。因此，风水先生打赌失败，连连摇头，羞愧而去。

万家村乡村记忆博物馆壁画（2017 年）　　龙潜　创作　王荣亨　摄

十几年后秋天的一个深夜，忽然阴风怒号，黑云密布，那位云游的风水先生带着几个徒弟故地重游。看到松柏郁郁，树冠高大，树杈上有上百个老鸹窝犹如一个个乌纱帽。忽然想起赌输之恨，立即让弟子射破鸟巢 90 多个，意在破坏毕家官运。这时鸡鸣破晓，风水先生见全部破坏鸟巢已不可能，又害怕天亮后被人发觉，于是匆匆离去。

随着时间的推移，毕忠臣死后 26 年，子孙发达，有 5 人中进士，7 人中举人，贡生、廪生、增生、监生、秀才若干人。其中，自严官至光禄大夫、太子太保、户部尚书，自寅官至南京户部广东司主事，自肃官至都察院右佥都御史、辽东巡抚。清末毕道远官至礼部尚书兼署兵部尚书。

玉清茔

明万历初年，七世毕木已近古稀，心中时刻挂念寿域之事。时逢清明，他与南方一周姓堪舆先生邂逅，遂邀至家中，促膝攀谈。堪舆先生说："看你老天庭饱满，是贵人之相，我想为您选一兆域，保你门庭显赫。但是为您堪舆之后我将双目失明，请您答应伺候我下半辈子，方可行事。"毕木慨然应允。

次日，堪舆先生遂指引家人，从万家庄北上，跋涉临池、章丘、玉清泉方圆 20 余里。一天午时，艳阳高照，来到卧牛山下，攀上山巅，举目南眺。只见一片旷野，高岗起伏，环抱明堂，溪水如带。再看西临玉清泉，东倚白泥河，北枕卧牛山，南蹬豹山，是藏龙卧虎之地。兆域勘定后，周先生果然双目失明。

万家村乡村记忆博物馆壁画（2017 年）　　龙潜　创作　王荣亨　摄

毕木不失诺言，安顿周先生在毕家养老。时常牵手投豆亭中对酌，篱畔漫步，待若上宾。十多年后，毕木仙逝。日子久了，管家对周先生礼遇日淡，周先生遂向弟子诉苦，师徒商定，现在不再顾及毕木生前知遇之恩，遂取身后的破棉袄，撕开袖子，掏出一把小桃木剑交给弟子，并授予秘诀。

夜深人静之际，那弟子来到玉清泉边等候剑破水泡。霎时有一个大水泡浮出水面，弟子随即戳破。少顷，又冒出一个大水泡，随后又戳破。当戳到 90 余个时，雄鸡报晓，再无水泡冒出。弟子回去如实禀报师傅，周先生叹曰："在你戳破水泡之前，早有水泡漂过，毕家的官运是戳不尽的。"至清末，淄西毕氏果然出了 5 位进士、7 名举人，得其他功名者不下百人。

麒麟吃犁

相传明成化年间（1465—1487），万家村万安府邸的牝牛产下一只牛犊。时逢秋天，府中长工赶着牛，扛着犁去西坡耕地，小牛随母，跬步不离。耕地约一个时辰，需要让牛休息一阵。但再耕地时，长工却发现犁铧不见了，无奈之下换上新的。又一轮歇息再耕时，犁铧又不见了，长工非常困惑，又怕东家责怪，便藏身树后观察动静。过了一会儿，长工突然发现小牛犊正在用力啃食犁铧，才知是它将犁铧吃掉的。长工大怒，用皮鞭将害得他几乎丢了饭碗的小牛犊活活抽死了。但他哪里知道，小牛犊是天降麒麟，本是祥瑞之兆。

万家村乡村记忆博物馆壁画（2017 年）　　龙潜　创作　王荣亨　摄

民间传说“牛生麒麟猪生象”，麒麟能吃生铁拉金子，是人间至宝。民间出现麒麟是天降祥瑞，盖因皇恩浩荡，国泰民安，河清海晏所致。

此事之后，万安因结党营私引起朝野强烈反对，大臣罗列其 20 条罪状，上书弹劾。其中一条就是枉杀神物，破坏了大明王朝的祥瑞，纯属大逆不道。皇帝龙颜大怒，降旨夷其九族。

淄西毕氏六世毕忠臣斥资买下万家庄，由西铺村迁居于此。他在此建庙立庵，祈求一方平安，又建私塾延师教子，开启淄西毕氏的辉煌时代。

尚书拉车

清光绪年间（1875—1908），毕道远官至礼部尚书兼兵部尚书，位高权重，名震朝野，但他清廉自律，简朴持家，从不搞“特权”。夫人邵氏随其在京，始终自己做饭，自己缝衣，不要别人侍奉。堂叔毕隆抚在他衙内公干，他严守规定，秉公对待，不给任何额外“照顾”。

毕道远每次回乡探亲，总是轻车简从，隐姓埋名，不劳地方官府。到了济南府便把轿子存在驿里，骑头毛驴回乡。一驴一仆一老翁，恰似平头百姓赶路。回到家乡，他拜望长辈，探望邻居，走东串西，不失礼数。每到一家，他都请安道福，嘘寒问暖，脱下老布鞋，坐在炕头上，续一锅旱烟叶，倒一杯白开水，与人细拉家常，没有半句“官腔”。

万家村乡村记忆博物馆壁画（2017 年）　　龙潜　创作　王荣亨　摄

一次，他从邻居家串门出来，沿着万安溪漫步，刚到响水河边，见一位老汉推一煤车行到半坡上。他急忙跑过去，解开拉车绳，帮老人拉车子。老人用力推，毕道远使劲拉，很快便到坡顶。老人放好车子，擦一把汗，看到这位拉车人虽布袍布鞋，但气宇不凡，和蔼可亲，与他攀谈，问他尊姓大名。当老人知道这就是大名鼎鼎的毕尚书时，惊得目瞪口呆。

从此，老人逢人就骄傲地讲述尚书为他拉车的故事。这故事便一传十，十传百，传遍了十里八村。

毕道远支持“祥”字号

清廷礼部尚书毕道远与何绍基、林凤官、牟所并称清代四小书法名家。当时周村的谦祥和、谦祥益等字号在保定有分号，常常受到当地小人的欺负。毕道远时任保定仓场总督，听说后，微服私访，悄悄到了谦祥和店铺，不料掌柜李敬亭因故外出，伙计不认识总督大人，认为是个客户，便奉上茶水好好招待。毕道远等了一会儿，拿起笔在包装纸上写了“谦祥和”三个大字后，信步走出店外。

李敬亭回来后，看到包装纸上的三个大字柳筋颜骨，非常人所及，便问其究竟，听伙计道其原委，顿觉后悔莫及。几经周折，才确认是毕大人所写，于是马上请人制成匾额挂到门楣上方。这一下轰动了保定城，再也没人敢到店里捣乱。谦祥益闻讯赶去祝贺，也请毕道远为他们写了匾额。从此，“祥”字号在保定门庭若市，日进斗金，生意做到了全国各地。

毕道远“英魂显灵”

清光绪十五年（1889），毕道远走完人生最后旅程，在北京病逝，享年 79 岁。

毕道远从政 40 多年，两袖清风，一尘不染，在京城和故乡传为佳话。他高风亮节，虚怀若谷，为官清正，不徇私情，为后人称道。毕道远一生为官清、慎、勤，深得大清皇帝器重。晚年赠紫禁城骑马。不用太监引领，直接面见慈禧太后。毕道远辞世，皇帝下旨“毕爱卿魂归故里，运灵回乡，州城府县，各级官员要认真接待，以礼叩拜。沿途如有不敬者，以违抗圣旨论处。”他在弥留之际，再三叮嘱嗣子毕念承：“我一生为官清廉，死后要一切从简。运灵柩回家，不过州城府县，不惊动地方大小官员。”

毕道远病故后，他的嗣子池州府尹毕念承遵照父亲遗嘱，怀揣圣旨，与家人毕隆抚雇一辆大车，装载毕道远灵柩，宵行夜宿，一路风尘仆仆，直奔山东家乡而来。到了清河渡口边，随即吩咐家人去和渡船人商量，请其运灵柩过河。家人匆忙走向渡口，与船主商量：“船家，我家主人要运灵柩过河，你看收多少铜钱？”那摆渡之人本是狂妄之徒，见来人身着绸缎，料定是大客商，心中盘算正好借此捞一把，故意推辞说道：“我这渡船小，你的木棺车太重，怕渡河不安全，你们还是到别处渡吧。”

家人一听此话是在要挟，方圆几十里就这一渡口，不在此处渡河到何处渡？遂上前捧上笑脸说：“船家，你只要把我们渡过去，价钱好商量。”那船家嘿嘿一笑，说：“只要给我二两纹银，便可渡你过河。”家人一听傻了眼，因在此前早已打听过渡河价格，只要铜钱二百即可。船家开出天价，二两纹银可是穷苦百姓一年都挣不到的银子。遂返身回到毕念承轿边，问怎么办？毕念承吩咐道：“不要急，要好好与人家说话，不要摆大架子，看能不能少收点。”家人只得再回到渡口，笑脸与船家说：“船家，我们从京城来，十几天不容易，给你五倍的钱，一千制钱如何？”那船家一听客人好说话，野心更大了，说：“你们如此不知抬举，要你十两银子不算多，否则，甭想渡河。”

家人听罢，急忙再与毕念承商议，提出此人心术不正，不如拿出圣旨予以惩戒。毕念承从袖中抽出圣旨，递给家人毕隆抚说：“你去办吧！”家人飞身上马驰向清河县衙，抡起鼓槌敲起催堂鼓。武知县不敢怠慢，穿好官服带领衙役一班人坐于大堂之上，大喊一声：“击鼓者何人？有何冤要诉？”

家人闯进大堂，从怀中掏出圣旨，把清河知县吓得魂飞魄散，急忙跑下堂来，跪在堂前接旨。家人高举圣旨说道：“你是怎么治理本县的？毕道远大人的灵柩路经你县，你县的船家再三刁难，胡搅蛮缠，你可知罪？给我重打二十大板。”武县令这才明白，是清河渡口船家惹下大祸。县令忍痛火速派衙役捉来船家，收监入狱，严惩不贷，以儆效尤。武县令张贴布告，严明县治，狠狠打击河霸和为非作歹的黑势力，给全县创造了一个安全和谐的生活环境。

从此，清河镇上流传着这样一句佳话，毕道远生前为官清正，死后还“英魂显灵”，为民除害做了件好事！

名人与名村

万家村钟灵毓秀、辈出良士。淄西毕氏七世毕木在此立私塾，延名师，教授子嗣，先后走出毕自严、毕自肃、毕子寅等一批良臣名士。独具特色的家学氛围，吸引了周边地区的名人墨客在此吟诗作赋，留下了诸多脍炙人口的诗文与佳话。

◉ 人物传略

毕忠臣（1497—1575） 字廷佐。少年饱读诗书，被淄川知县聘为“邑掾”（文字助理），后辞职回家务农。明嘉靖中期，毕忠臣由西铺迁居万家庄。他设私塾，督责子孙攻读经史，所生7个儿子中有5个为省祭官，兼署布政司、按察司、济南府之属吏。毕忠臣待人宽厚、乐善好施，曾被推为司市，掌管全县市场秩序，调解市场纠纷。迁居万家庄后，他在万安溪南岸建菩提庵，施田以赡香火，捐款派专人到南京印刷一部藏经存于庵内，延请名僧诵经做法事。他曾为王村村东的炳灵公庙捐资购买庙前土地6亩，作为“赡庙地”。他捐资修路架桥，因众多善行义举，毕忠臣被乡民推举为“善人”，列名于淄川县“旌善亭”中。

毕忠臣画像

毕木（1537—1601） 字子近，号舜石，晚年自号黄发翁。毕木系毕忠臣第六子，少小聪慧，读书多妙解，少年偕王教（号秋澄）从学于海内大儒张松石。他品学兼优，却屡试不第。后毕木弃学归农，除奉养双亲，整肃家政外，多半精力用于教8个儿子读书入仕。在其严厉督导之下，8个儿子中7人先后成名成才。

毕木义方教子。参见本志“毕氏家族·家族文化·义方教子”。

毕木画像

毕木于明万历十三年（1585）创修《淄川毕氏世谱》，定三十二辈字。他一生工楷书、草书，擅长诗文。著有《黄发翁集》。明崇祯四年（1631），毕木以子自严贵，诰赠光禄大夫、太子太保、户部尚书。

毕自严（1569—1638） 字景曾，号白阳。毕自严少有大志，敏而好学，明万历十六年（1588）中举，二十年中进士。是年司理松江府，任职6年，执法公正，政绩卓著。万历二十六年，升刑部主事。万历三十一年，改任工部主事。万历三十四年，升户部河南道郎中，又升淮徐兵备道。万历三十八年，擢山西分守冀宁道，举卓异。万历四十年，转按察副使，分守河东道。万历四十一年，再举卓异。万历四十二年，升山西布政使司参政。

毕自严画像

万历四十四年，擢陕西洮岷兵备道。万历四十七年，在陕西三举卓异。同年6月，晋陕西右布政使。明天启元年（1621），改任右佥都御史巡抚天津，天启五年，升南京都察院右都御史，第二年转南京户部尚书，后忤权阉魏忠贤，告病归里。明崇祯元年（1628），擢户部尚书，任职6年，殚精竭虑，政绩卓著。崇祯六年，以病告归。他任户部尚书6年，开源节流。官至光禄大夫、太子太保、户部尚书，历经万历、泰昌、天启、崇祯4朝44年。历松江、洮岷、靖边、天津地方官4处，四地百姓都为其建生祠，岁时节令大祭。他的事迹在《明史》《济南府志》《淄川县志》中均有详载。毕自严曾在西铺村建先祠，二修毕氏世谱，在王村建义仓救活饥民无数，捐修淄川城墙数百尺。毕自严著作有350余卷。

毕自寅画像

毕自寅（1579—1661） 原名自修，字畏甫，号旭阳。毕自寅自幼聪慧异常，13岁即过县、府、院三试之关，考中生员（俗称秀才）第一名。万历四十三年（1615），乡试中举，其后5次赴礼部试而不果。至崇祯元年（1628），谒选面试，选为吴桥县知县。在任3年，毕自寅对百姓明白征收，裁撤驿传，节省公费一千余两白银，又代交前任所欠税赋。官员考查，以治行高等升南京兵马司指挥。不久，升南京户部主事。2年后，朝廷追论"吴桥兵变"，诿过于毕自寅，因而被罢官回籍。归耕万家庄后，毕自寅建拱玉园于万家庄西。毕自寅著有《拱玉园集》——录名流赠诗数百首，并附己作。另外著有《选石斋诗集》《志隐集》《毕氏宗乘》等。

毕自肃（1580—1628） 字范九，号冲阳。万历三十一年（1603）山东乡试举人，万历四十四年成进士。官至辽东巡抚、都察院右佥都御史，死后被供于万家村名宦祠。

毕自肃画像

他中进士后，授直隶定兴县令，到任后他大刀阔斧裁节借朝廷之名行私事的官差，凡借差枉道、勒索违例的，一概拒之门外，且按规予以法办。不出几个月，官差不法者过定兴因为此强令多避道而去，百姓负担大减，县财政困境开始有复苏。毕自肃对以前多年旧例、徭役赋税，凡不利于民生的弊政进行更定、裁撤。明万历四十八年（1620）毕自肃在定兴任中，后金努尔哈赤对明发动进攻，边境告急，朝廷急敕他筹集巨款采买骡马车辆，为辽东边境运送军需物资。毕自肃因时间紧迫、财用不敷而愁眉不展，定兴百姓闻听此讯，各家各户献出驴、骡、车，自动出人押运，先于朝廷时限完成任务。毕自肃派员去付工费、家畜器具雇用费，百姓不接受而离开。地方官员闻知后批示在定兴县大街建“尚义坊”予以旌表。

毕自肃3年任满，报政升礼部主事，出县赴京之日，当地民众都哭泣挽留。毕自肃离县之后，当地士民集资置地，在城东为毕自肃建生祠，岁时节令对其拜祭。

明天启年间（1621—1627），毕自肃以礼部主事转提督会同馆，管礼仪接待外交事务。当年全国评出“卓异”官24人，毕自肃为第一名。后毕自肃以功升按察副使，又加太仆寺少卿。崇祯元年（1628），升都察院右佥都御史，巡抚辽东。他勇于担当，上《方略九事》，被崇祯帝嘉许。半年后，因6个月中仅供应军队2个月粮饷，毕自肃多次上奏而均未得回应。戍边兵将饥寒交迫，川湖一营兵将带头兵变，他营起而响应。兵变士卒冲入毕自肃卧室，无处不搜，囊空如洗。事变之中，毕自肃斥责乱兵，当事兵将大为悔悟。毕自肃性情刚烈，一身正气，而遭此横祸，愤懑不食而死。毕自肃的事迹《明实录》《济南府志》《淄川县志》均有详载。

毕际竑画像

毕际竑（1615—1687） 字孟议，号讷庵。毕际竑为辽东巡抚毕自肃之长子。少小聪敏好学，入邑庠，升廪膳生员。13次赴乡试都落第而归，后以资满为贡生。毕际竑14岁丧父，少年持家，理家政有条不紊，为乡亲排解难处解决纠纷。40年中，毕际竑被家族、乡民视为“长城者”。著有《讷庵痴说》。

毕盛青画像

毕盛青（1637—1685） 字子山，毕自肃之孙。清顺治十四年（1658）举人，顺治十八年进士。毕盛青中甲榜后考授翰林院中书舍人，6年后才去京就职。其天性淡泊名利，而勤于政务。他曾随康亲王率军赴福建平乱，在帅帐参赞军务7年，十策九中而得康亲王重用。在整军肃纪中以不取人财，不淫女色为军纪之训。7年后，大军凯旋，毕盛青请假归家。归家后，他以孝顺父母、训教子侄为事，闲暇时闭门谢客。当时其父毕际竑督促他入京再仕，入京后被选拔为内阁典籍，后出任赣州府同知，抵任3个月去世。

毕世持（1649—1687）字公权，号圣童，毕自肃之长曾孙。毕世持11岁考中生员，30岁考中山东乡试举人第一名，为解元。但其后屡试屡败，未能得中进士，遂忧愤成疾，38岁去世，清初诗坛领袖、刑部尚书王士禛为他作传。毕世持与蒲松龄是莫逆之交，他比蒲松龄小9岁。《聊斋志异》一书，毕世持助工亦多。毕世持一生著文撰诗虽多，但传世很少。他去世后，其三子毕海珖将搜集到的部分诗文与自己之作汇为一编，定名《涧堂诗草》。

毕世持画像

毕昌绪 字芸堂，生卒年不详，毕自肃第八世孙，清礼部尚书毕道远之父。于明嘉靖十八年（1813）拔贡，考取八旗官学教习。历任博野、永清、河间县知县，张家湾通判，霸州、遵化直隶州知州、河间府同知，诰授朝议大夫，晋封光禄大夫。一生任职数十年，清正爱民，断案神明，为百姓伸张正义，每当奉调他地时，当地百姓都会挽留。在河间府卸任时，百姓为感激其清正廉明，敬赠“神明父母”匾。此匾长期悬挂于万家村毕氏八支家祠东屋，毁于“文化大革命”期间。

毕昌绪画像

毕道远（1810—1889）字仲任，号东河，其祖父毕丰莅壮年时携家眷移居淄邑以北牛家庄，毕自肃的九世孙。道光十九年（1839）举人，道光二十一年恩科进士。历任翰林院庶古士、翰林院检讨、山西乡试主考官、记名御史、司经局洗马、翰林院侍读、侍讲学士、日讲起居注官、咸安宫总裁、国史馆纂修、文渊阁校理、顺天府乡试同考官、广西乡试主考官、国子监祭酒、内阁学士兼礼部右侍郎、兵部左右侍郎、户部右侍郎兼管钱法堂事务、署户部左侍郎兼三库事务、总督仓场。后升都察院左都御史，两任顺天府乡试副主考官，兼署兵部尚书，特授礼部尚书、经筵讲官、武英殿总裁、玉牒馆副总裁兼顺天府府尹。恩

毕道远画像

赐紫禁城骑马，加衔光禄大夫。毕道远一生身兼数职，历道光、咸丰、同治、光绪4朝46年。他生活俭朴，以“布衣尚书”著称。光绪十三年（1887）77岁致仕。有著作《致用堂集》传世。

毕念承 字尔修，生卒年月不详，为清礼部尚书毕道远之嗣子。曾以二品官荫就读于国子监，因学业优等署工部屯田司郎中，补授虞衡司郎中，赏戴花翎。后任安徽池州府知府，钦加三品衔候补道台。特恩赏“寿”字匾，诰授通奉大夫。他为官执法严谨，以爱民而不扰民为要旨，以廉洁朴素为美德。毕念承从北京扶父灵柩回淄川安葬时，严格遵照“做官切勿扰民”的父训，一路绝不打扰地方官府和百姓。

毕念承画像

王锦湘（1896—1970） 字竹溪，万家村人。20世纪20年代初毕业于山东省立第一师范学校，后投靠在山东省东平县任县长的王村毕承恒，任县政府文书。毕承恒因执法公正，得罪地方恶势力遭暗算，因公殉职。王锦湘回乡，长期任小学教师、校长。其间，热心服务乡里，为乡亲写对联，调纠纷，拟契约，有求必应，在十里八乡的乡亲中声望颇高。20世纪50年代，王锦湘为淄川县政协委员，直至退休。

毕恒德（1904—1976） 字子久，万家村人。少时攻读私塾，后入淄川师范讲习所。毕业后，长期从事教育事业，任私塾教师、小学教师。新中国成立后，曾任淄川县政协委员。二十世纪六七十年代，先后任万家大队第二生产队会计、大队会计。其间，每逢社员家有红白公事，他为村民揆度礼仪，深受群众爱戴。

毕春先（1913—1987） 万家村人。1950—1956年，任双铺乡乡长（辖东铺、西铺、万家、郑家、柏家5个自然村）。1956年，当选淄川区人民代表大会代表。1957年，任黄埠高级社社长。他组织互助组、初级社、高级社，为乡亲操办红白公事，任“大总”。1980年，邹平县双青村、郑家村提出以3亩换1亩的优惠条件，置换七世毕木的玉清莹墓地。他知晓后果断制止，玉清茔谕葬墓得以保存。晚年，他时刻不忘弘扬毕氏家族文化，嘱咐儿子毕伶德择机把倾废的明代“投豆亭”重新建起来。毕伶德谨记父亲嘱托，于2008年建成一座古

毕春先

色古香的“投豆亭”。

毕先德（1927—2013） 曾用名毕宝先。万家村人。幼年读过几年私塾，18岁参加八路军。毕先德在解放战争中转战华北、华中战场，参加济南、开封、豫东、淮海、渡江和解放上海等重大战役，1955年，奉命组建福建武警干部训练班。1957年，入中央武警干部第二学校深造。历任战士委员会主任、华野十纵245团后勤党支部书记、师部作战参谋、福建武警干部训练班主任、武警大队大队长等职，授大尉军衔。1966年转业（16级干部），先后任淄博电焊条厂革委会主任、萌水及高塘卫生院党支部书记等职。1982年离休，获山东省老干部局“献给共和国创立者”金质奖章。他的事迹载入《开国将士风云录》。离休后购买大量书籍，经、史、子、集融会贯通，且诗、书、画俱佳。20世纪90年代，搜集1930年前后王村和周边地区发生的重大事件，撰写《王村地区文史资料》。耄耋之年撰写回忆录《难忘的岁月》。1995年后，挖掘整理毕氏家族文化。2003—2013年，参加村两委开展的弘扬毕氏家族文化的一系到活动，带头捐资，为万家村发展出谋划策。

毕振德（1935—2012） 万家村人。1964年，从哈尔滨剪刀厂下放回村任生产队队长。“文化大革命”期间，他曾设法保护毕忠臣谕葬墓，藏墓碑和墓前的石至门柱石。1969年至1977年11月任村党支部副书记，1977年12月至1986年12月任万家村党支部书记。1978年，在王村公社水利专业队的帮助下，带领社员挖运土石2万立方米，就地采石1300立方米，奋战两个冬春，在村北黄埠顶建万方蓄水池，扩大灌溉面积。铺设输水管道，从王耐南边的蓄水池引水灌溉村北粮田。

毕顺先

毕顺先（1937—2004） 字逆舟，万家村人，东营市河口区人民医院中医医师。1958年参加工作，曾参与山东省和淄博市中草药手册编制工作。1990年当选河口区政协委员，1993—2003年连任政协副主席。工作之余，喜爱书画，尤爱隶书，擅石鼓文，精篆刻、绘画、盆景、根雕等。其石鼓文作品入选中国美协纪念孔子诞辰2550周年书画作品大展、黄河魂艺术大展泛区杯全国书画展。2004年出版《毕顺先书法篆刻集》《石鼓文字疏》。

毕于训（1939—1996） 万家村人，中共党员，大学学历，淄博第一医院骨科主任医师、教授。1957年7月，考入山东医学院临床医学系5年制本科。毕业后，分配至淄博市第一医院外科工作，是第一医院骨科的主要创建人，显微外科的开拓者，淄博市显微外科学奠基人之一。1980 年 10 月，在第一医院实施首例断肢再植成功。1981 年 4 月至 1982 年 5 月，在上海第六人民医院师从“世界断肢再植之父”陈中伟进修学习。1982 年 7 月，实施首例断掌再植成功。1983 年 11 月，实施首例断指再植成功。1982—1992 年，共开展新手术、新业务 100 项。其臂丛神经损伤手术修复水平居全国前列，主创 3 项科研立项课题。其中，《感觉神经植入真皮下重建指腹感觉功能》，于 1993 年在北京通过国家级鉴定，为国内领先、国内首创，获山东省医学科技进步三等奖、淄博市科技进步二等奖、淄博市医学科技进步一等奖。1991 年，当选为中国手术外科专家（全国评选 100 名）。在国家级及国内期刊发表论著 20 余篇。曾任中国康复医学会会员、山东省修复重建外科委员会委员、淄博市卫生局高级职称晋升评定委员会委员，是淄博市首届医学拔尖人才。

◉ 名人与万家

王教授业万家 王教（1540—1604），字子修，别号秋澄，王村镇苏李村人。明嘉靖四十三年（1564）中举人，明隆庆五年（1571）中进士。曾任户部主事，后升吏部升考功员外郎、文选司郎中。著有《铨部王先生文集》《秋澄诗集》。

王教比毕木小 3 岁，同师从于海内大儒张敬（松石），二人学业同为出类拔萃。至嘉靖末年，毕木弃学，而王教科举中试。明万历二十年（1592）王教被罢官后，设家塾授徒，多数时间居王村，其间常与毕木谈诗论文，终生亲密无间。同时，毕木让毕自严、毕自肃等子侄拜王教为师。王教经常被毕木接到万家庄，对其子侄逐一进行辅导。万家庄族众对他倍加敬仰。毕自严等人在王教的教诲下，品学大进，为日后的科举入仕奠定了坚实的基础。毕自严曾为王教的文集作序并抒发敬师之情。至万历二十九年（1601）毕木谢世，王教为其撰写墓志铭，并抒发同窗情谊。

高珩与万家 高珩，号念东，淄川城里人。明崇祯十二年（1639）举人，崇祯十六年进士，入翰林院选为庶吉士。清康熙十八年（1679），官至吏部左右侍郎、礼部右侍郎。他被誉为“山东文章宗伯、海内通儒、国史笔，领袖骚坛”。毕氏和淄川月庄高氏同为一邑望族，官宦之家，书香门第。高氏与毕氏世代联姻，如高珩之子高之陶以毕际竑长女为妻，高肇嗣以毕盛青之女为妻，高肇鼎以毕盛前之女为妻；毕道远之母为高氏，祖母亦为高氏。康熙十六年夏历四月二十二日，毕自肃夫人王氏去世，高珩为其撰写墓志铭。

高捷执教白业堂 高捷，淄川招村人，字中白。明万历二十五年（1597）举人，且为本科山东解元。明万历三十二年进士，历任户部郎中、淮安知府，举卓异，升淮徐兵备副使。毕木曾专程登门聘请高捷到万家庄白业堂教授其子侄。豪放不羁的高捷在教授弟子吟诗作词、琴、棋、书、画等“艺术课”的理论基础上，经常带领弟子爬豹山、登长白山、涉玉清溪、观清嶂泉等，使弟子在所见、所闻、高捷所感的基础上，开阔思路，激发才思，吟诗作文，培养其创作思维。高捷所教弟子大多成才，如毕自严、毕自肃等多人科举入仕，成为一代忠臣良将。毕木去世后，高捷应毕自严之请为毕木的著作《黄发翁集》写序，并回忆在万家庄与毕氏家族的情谊。高捷去世后，在毕自严等弟子的荐举下入祀乡贤祠。

王士禛与万家庄的情结 王士禛（1634—1711），字子真，一字贻上，号阮亭，晚号渔洋山人。山东新城（今桓台县新城镇）人，新城王氏八世孙。清顺治十二年（1655）进士，第二年出任扬州府推官。康熙三年（1664），为礼部主事。康熙十五年，由户部郎中改为翰林院侍讲，入值南书房，官至刑部尚书，为清前期诗坛领袖。康熙四十三年，罢官归里，后复官。著有《阮亭诗钞》《带经堂全集》《渔洋山人精华录》《渔洋诗话》《池北偶谈》《居易录》等。万家毕氏与新城王氏“无世不结秦晋”。明末，毕自严与王士禛的叔伯祖父王象丰同朝为官，王士禛的2个从姑分别嫁毕自严的长子际壮和次子际有。王士禛的胞妹嫁毕盛钜的六子毕世涵。毕自肃的子女、孙子女、曾孙、元孙四代都与新城王氏家族联姻。

王士禛久闻淄西有众多文人名士，曾多次到西铺、万家探亲访友，游览胜景。毕自肃之长孙毕盛育，曾在白泥河畔建别墅，周围植榆、桑、柳、柘树等数千株。又在栗泉周边开辟出十几亩水田，植树造林、种荷植稻、挖池蓄水、引种菱角、芡实、荸荠、蒲笋等十余种水生作物，春夏一派江南风光，王士禛曾经参观其别墅和园林。淄川王培荀在《乡园忆旧录》中，记载了毕盛育兴园艺之事。毕盛育54岁病逝后，王士禛前往吊唁并为其撰写墓志铭。毕世持曾盛邀王士禛到万家庄做客，遂成挚友。38岁的毕世持去世，王士禛为其撰写了千言传记，赞道，“四十年来文章之盛，倾动四方如君者，未之有也”。康熙十六年毕自肃夫人王恭人82岁去世后，吏部侍郎高珩为其撰写墓志铭，时任礼部主客司主事的王士禛为其书丹。

赵执信与万家庄 赵执信（1662—1744），字伸符，号秋谷，颜神镇（今淄博市博山区）人。9 岁能文，14 岁中秀才，17 岁以山东乡试第二名中举，18 岁中进士，选翰林院庶吉士。22 岁被授编修，23 岁任山西乡试正主考官。25 岁迁右春坊右赞善兼翰林院检讨，任《明史》纂修官兼预修《大清会典》，是康熙朝著名文学家。

毕世持与赵执信为姑表兄弟，又是儿女亲家。毕世持之女嫁赵执信之子赵[illegible]，两家交往密切。赵执信常到万家庄毕世持的中丞府做客，常与毕世持、毕盛钜等当地文人墨客游山水吟诗文。毕世持将三子毕海珖拜在赵执信门下读书。在其教诲下，毕海珖学业大进，善书能诗，著有《涧堂诗草》，其中有 17 首诗收入《国朝山左诗钞》中。毕世持病逝后，赵执信在《怀旧集》中称道他的文才，感喟他的早逝。

蒲松龄与万家庄 蒲松龄（1640—1715），清代文学家，著有短篇小说集《聊斋志异》，今淄川区洪山镇蒲家庄人，他与万家庄有深厚的情缘。毕世持生于清顺治六年（1649），比蒲松龄小 9 岁，毕自肃长曾孙，11 岁考中生员，13 岁考中山东乡试举人第一名。清康熙十八年（1679），蒲松龄应毕际有之聘在西铺坐馆。毕世持与蒲松龄志趣相投、相见恨晚，二人后成莫逆之交。毕世持经常到西铺绰然堂，蒲松龄也经常应邀到万家庄毕世持的中丞府中做客，他们相聚一起，纵论古今、切磋诗文，讲述奇闻逸事。毕世持除经常为蒲松龄提供写作素材和提出修改意见外，他们还共同撰写故事，《聊斋志异·马介甫》一文便是二人合作而撰。毕世持去世后，蒲松龄一连写了 8 首七言律诗哀悼他。其中，有“空花幻梦三生约，荒草斜阳六尺坟。铩羽东归人不见，一声邻笛泪纷纷”，哀叹这位命运多舛、情同手足、英年早逝的挚友。蒲松龄整理毕世持的散轶诗文编为《困佣家草》。

毕盛统，字子帅，系毕自寅之孙。到西铺毕际有家坐馆之前，蒲松龄就与毕盛统有深交，并结为“金兰”之好，蒲松龄常到万家庄去。清康熙十八年，蒲松龄到西铺坐馆后，与毕盛统往来不断，情同手足 40 年之久。清康熙四十年，毕盛统病逝。蒲松龄写诗二首以抒发悲痛之情，诗中写道：

其一

胸中无宿物，胜志老犹坚。
夙订金兰好，论交四十年。
久要成语谶，一别判人天。
谁意齿差少，先余已着鞭。

其二

半月未捐宾，以来被故人。

壮心宁觉老，伟抱耻言贫。

岂意要欢日，即为执绋辰。

如期走相送，临穴一沾巾。

毕景舒支持毕道远纪念馆建设 毕景舒，又名于藿，笔名劳璧，淄川区牛家庄人，祖籍万家庄。明都察院右佥都御史、辽东巡抚毕自肃第十三世孙，清礼部尚书毕道远第五世孙。1926年出生，1946年春至1948年秋，先后任济南中报社记者、中国国民党中央委员会宣传部主办的中央通讯社济南分社记者。1948年，入华东大学学习。1949年2月，供职于济南新民主报社，4月转入大众日报社，任见习编辑、助理编辑、编辑。1985年离休后，补授主任编辑职称。有《报人劳璧文选》等著述。2004年，万家村将毕道远捐俸修建的八支家祠改为毕道远纪念馆，毕景舒及其胞妹毕于淑（中国残联主席张海迪之母）等后裔给予大力支持，并参加开馆典礼。

大事纪略

明成化六年（1470），礼部尚书万安立村。嘉靖中期，淄西毕氏六世毕忠臣斥资购买万安家产，由西铺村迁居万家村，在此拓展家业。随着时代的步伐，万家村在中国共产党的领导下，进行土地改革。进入21世纪，万家村两委弘扬优秀的文化传统，万家村获市级、省级、国家级荣誉称号。

◉明成化六年万安立村

明成化六年（1470），吏部尚书、首辅大臣万安到山东赈灾路过万家村地域，看到这里依山傍水，土地肥沃，民风淳朴，遂在此修建府第，定名为万庄。之后易名万安庄、万家庄、万家村。

◉明嘉靖中期毕忠臣别业万家

明嘉靖中期，淄西毕氏六世毕忠臣辞职淄川“邑掾”后回家务农。他购买因获罪被抄家的万安家产，由西铺迁居万庄。随后其他姓氏陆续迁入。

◉明崇祯十一年修筑堡子城

明崇祯十一年（1638），毕自肃的王夫人与三个儿子为防兵匪侵扰，率族众在万庄西面高坡处，夯筑围墙，建楼盖屋以居。堡子城墙南北长150米，东西宽130米，厚4米，设有南门，城内居中有望（哨）楼1座，城内水井、碾、磨等生活所需皆全。组织家丁护院、购枪炮等防御武器，以使族众乡亲避难于此，后人称堡子城，现仅存部分遗址。

◉1946—1947年万家村实行两次土地改革

1946年春，中共淄西工委派工作组进驻万家庄，实行土地改革。同年7月，地主“还乡团”反攻倒算，贫下中农分到的土地和浮财被收回，第一次土地改革失败。1947年春，万家村实行第二次土地改革，贫苦农民分得土地和浮财，翻身成为土地的主人。

◉2004年修建毕道远纪念馆暨毕氏家族文化展馆

2004年，万家村明清古建筑群被列为周村区重点文化建设工程之一。王村镇政府发文，要求重点做好万家村明清古建筑群的修复保护工作。3月30日，周村区文化局、王村镇政府主持毕道远纪念馆暨毕氏家族文化展馆的修复开工仪式。历时 8 个月，投资 30 万元，于 11 月 12 日举行落成典礼，淄博电视台等多家媒体进行报道。

◉ 2015 年中央电视台播放纪录片《立德树人万家村》

2014 年 11 月 11—22 日，中央电视台《走遍中国》栏目组对万家古村历史文化和传承礼仪等方面进行了为期 12 天的采访拍摄。在周村区文化局、王村镇政府、万家村委配合下，摄制组一行三人对万家村的投豆精神、制衣礼、称呼礼、供品礼、敬老礼等及毕氏家族的家训、三十二辈字等家风家教的内容进行了专题拍摄。2015 年 1 月 18 日，中央电视台《记住乡愁》第 1 季第 18 集《立德树人万家村》首播，后多家电视台陆续转播。

◉ 2016 年万家村被公布为中国传统村落

2003—2016 年，万家村对明清古建筑进行修复，使古村风貌焕然一新。通过申报，2016 年 12 月 9 日，住房和城乡建设部、文化部、国家文物局、财政部、国土资源部等公布万家村为第四批中国传统村落。

◉ 2017 年万家村被公布为山东省历史文化名村

万家村历史文化底蕴深厚，明清两朝毕氏家族科甲蝉联；乡贤俊彦，代有其人。2003 年后，村两委重视对传统文化的挖掘、整理。2017 年 5 月，山东省住房和城乡建设厅、山东文物局公布万家村为山东省第四批历史文化名村。

◉ 2017 年万家村乡村记忆博物馆入选中国传统村落数字博物馆

2017 年 4 月，万家村乡村记忆博物馆竣工。其间，修复老家庙、白业堂等建筑 5 座 16 间，计 380 平方米。展出内容共分 7 部分，包括 7 个展室，通过实物、实景、展板、六组雕像、声控音响等形式，展现了“立德树人万家村”的深厚文化底蕴。2017年12月，万家村乡村记忆博物馆入选中国传统村落数字博物馆。

万兴桥（2011）　　毕于琦　摄

博物馆内投豆亭模型（2016） 李景花 摄

附录

◉ 资料辑录

万家村申报国家级传统村落情况

2015 年，万家村在公布为山东省第一批传统村落基础上，修复了老家祠、毕道远纪念馆、毕忠臣谕葬墓、万安府 10 号院、明代菩提庵、万安桥、万盛桥、公高广场、憩园广场。整治村域环境，修复万安溪风水河等。淄博市政府批复万家村 2015—2030 年传统村落保护发展规划，并在省住房和城乡建设厅备案。2015 年，万家明清建筑群被公布为省级文物保护单位、乡村记忆博物馆示范村。

2015 年 5 月，王村镇政府分管文化宣传工作的领导张丽娟给予大力帮助，编制申报中国第四批传统村落材料文本。然后由淄博市、周村区住房和城乡建设局申报山东省住房和城乡建设厅。通过专家评审，上报住房和城乡建设部。

2016 年，万家村积极筹备材料，依托深厚的文化底蕴，在周村区、王村镇相关部门支持下，向住房和城乡建设部申报国家级传统村落。

2016 年 12 月，住房和城乡建设部、文化部、国家文物局、财政部、国土资源部、农业部、国家旅游局联合发布文件《关于公布第四批列入中国传统村落名录的村落名单的通知》，淄博市周村区王村镇万家村位列其中。

万家村村规民约

为了建设社会主义新农村，倡导乡风文明，促进村庄和谐发展，依据国家法律法规，结合万家村实际情况，修订村规民约如下：

一、村庄事务管理

第一条 严格按上级党委要求发展党员，万家村现有党员 40 名，按时召开党员大会，讨论决定村支部的重大事情。

第二条 村民代表按 10 户产生 1 名，换届后在村委领导下推选产生，每届任期 3 年。现有村民代表 33 名，在村委领导下讨论，表决本村的重大事项。

第三条 每个村民都应履行尊敬、赡养老人，抚养、教育子女的义务。子女应保证每位老人每年最低生活保障，并负担老人的取暖就医费用。

第四条 凡村内大事要事，必须经村民代表会议讨论表决和党员大会表决通过。有村两委逐项实施。

第五条 村务和财务定期公开，接受村民监督。如有异议可向村委会提出意见，直至提交村民代表会议讨论审议，审议结果要符合法律规定。

第六条 认真加强村级财务管理，严格执行镇财管中心管理制度，每季度账目公示一次。半年向联席会议报告一次。

第七条 自来水管理，本村村民、暂住人员、企业生产用水，均按 2 元 / 立方米收取。农田供水全村半月一个轮灌期。村民用电由王村供电所管理，需要开户的个人或企业，可到村委开介绍信，到供电所办理。

二、村民待遇

第八条 年满 60 周岁的村民参加医疗保险，每人每年享受村委 60 元的补贴。

第九条 年满 65 ~ 69 周岁的村民每人每月享受 30 元生活补助费，70 ~ 79 周岁的 40 元，80 ~ 89 周岁的 50 元，90 以上的 100 元。对不支持村两委和村民代表会议通过的制度和民心工程的，以户为单位，停发该费用。

第十条 按照计划生育规定，育龄妇女每年两次健康查体，每次补助 5 元。

第十一条 根据《万家村计划生育村规民约》对已婚应迁出人员，因离婚、丧偶、夫妇工作不便等因素，申请在本村落户口的，接受计划生育管理，申请人需向村委缴纳 1 万元押金。待户口迁出且不违反计划生育规定，全额退还。

三、村风民俗

第十二条 提倡社会主义精神文明、移风易俗，树立身边“四德”（社会公德、家庭美德、职业道德、个人品德）典型，倡导良好的社会风尚。

第十三条 邻里之间要互尊、互爱、互助，和睦相处，建立良好的邻里关系。

第十四条 夫妻应平等对待双方老人，子女应尽赡养老人的义务，平等享有继承家产的权利。（子女赡养老人义务与继承父母遗产权利对等。）

第十五条 村委设红白理事会，负责村里红白公事，一切从俭。丧事不封门、不裱鞋，一朵孝花替代白衣服和孝章，一次性指路，不再请灵送灵，一次性奠祭，路祭不出院，丧期至多两天。邻里助忙者，中午每人一碗菜汤吃饭，晚上几桌家厨宴。

第十六条 残疾人、困难户、低保户，村民公认的无自理能力，无经济来源的残疾人，村委根据实际召开两委会、党员大会、村民代表大会，报请上级批准给予一定的照顾。

四、环境卫生

第十七条 本村村民及外来暂住人员有义务自觉维护村庄的环境卫生，生活垃圾倒入垃圾箱，严禁焚烧垃圾及秸秆。禁止向街道排放污水。

第十八条 镇环卫所安排五人的专业清洁队，负责河道、街巷清扫、绿化管护，确保村庄环境整洁。道路两侧不准长期堆放沙石等。禁止在路上晒长秸秆作物及粪便，确保街道清洁畅通。

第十九条 为了保持村容村貌美观大方的整体格局，禁止村民在住宅楼区和住宅外乱搭乱建，违者一律无偿拆除。违犯上述规定的，给予批评教育，情节严重的交司法机关处理。

第二十条 本村规民约经村民代表会议表决通过之日起公示，即日生效，同时上报镇政府备案。

2014 年 3 月

◉ 媒体宣传

中央电视台纪录片《立德树人万家村》

山东淄博万家村，2014 年农历闰九月二十九日，山东省淄博市周村区王村镇万家村的毕氏家族准备祭品，举行最隆重的秋季祭祖活动。其中，最重要的一样祭品就是村里这片藕田中的莲藕。自明代万历年间开始，万家村毕氏就在村里开辟出一小块儿水塘，专门用来种植祭祖的莲藕。400 多年来无论村庄如何变迁，村庄有藕田的传统却从未中断。

山东省万家村毕氏第十九代毕敬德介绍："我们祖先认为，藕虽生在污泥当中，却具有出淤泥而不染、濯清涟而不妖、亭亭玉立的品质，象征着我们毕氏家族清清白白做人、堂堂正正做官。"

万家村毕氏的祖先已经把出淤泥而不染的莲藕人格化，让它成为君子人格的代名词。他们认为如果能将这种美好的品德作为立身之本并薪火相传，毕氏家族便能世代兴盛。于是在毕氏家族祭祖的时候，莲藕就成了一种别具风格的祭品。

山东省万家村，历史上属于济南府淄川县。500 年前，万家村是万姓人居住的族姓庄。明宪宗时期，任吏部尚书的首辅大臣万安曾在此立庄居住。

明弘治初年，万安结党营私获罪、株连九族，万家万姓泯迹。到明嘉靖中期，淄西毕氏六世祖毕忠臣出资将万家村买下，由西铺迁至万家村落户。至今天，淄西毕氏家族已在万家村生活 500 余年。

农历十月初一，各地淄西毕氏的后人都聚在万家村祖坟前，祭拜他们的祖先。祭祖仪式正式开始，但祭祖的贡品中并没有看到莲藕的踪迹。直到族间各分支陆续为祖先上完香，莲藕才摆上供桌。

山东省万家村毕氏第十八代毕金先宣布第四项，主祭人毕伶德代表族众向列祖列宗敬献同根莲心菜。

在祭祖仪式上，莲藕被隆重地盛在木盘里，并在族人的注视下，有主祭人专门放置在供品中央。如此强调莲藕祭祖的重要性就是毕氏祖先对后人的训诫，让族人记住毕氏家族的家风。做人要像莲藕一样品行高洁，要用德行立身，并且要将这种品质传递给后人。用万家村传统的俗话就是“积下德行传后世”。

对中国传统文化非常有研究的北京大学文化产业研究院研究员王德岩对万家村毕氏流传的这句俗语有着自己的见解，就是前辈们所树立的这种德会影响到每一个后辈。通过这种家风、家规，通过这种仪式来传承，那么每一个后辈修身立德，他也会有这样一种圆满的人生。

我们纵观历史，有几个家族是传之久远的，一个是孔子家族，还有范仲淹家族，近代以来，曾国藩家族，还有梁启超家族，他们无一不是因为道德的修行而传之久远的。或许，正是祖先的这种主张，今天的万家村格外重视“立德”与“德”的传承。

62 岁的王延华搬到万家村已经 27 年了，虽然并不姓毕，但在万家村生活的经历让他觉得毕氏家族立德树人的家风，一直荫庇着他和他的家人。而今天他也被这种品德感染。凡是村里乡亲们有需要他帮忙的，他从不推辞。

“你看，这个门槛坏了，你帮我修修吧！”王延华问：“是怎么回事？”“你看，关门也关不严了。”“我拿下来看看，这里高了，我先修一修等有了好木头我给你换个新的。”“哎哟，那可好了。”

修理一道门下槛，看起来只是换两根木条，但又是锯又是刨，也折腾了一上午的时间。而除了木工活儿，王延华还精通电工、瓦工，甚至厨艺。村里的红白喜事找到他，他一去帮忙就好几天。

山东省万家村村民王秀花说：“我们这些邻居有什么事他都挺热情、挺热心，帮了忙他啥也不要，也不要别人答谢，他是一个挺好的人。”其实，王延华平时除了种地还得去厂里上班，时间上并不宽松，可是只要村子里有人找他帮忙，他都有求必应，从来没有爽约过。因为他觉得自己虽然姓王，可是村里毕姓人家一直把他当成一家人。

1987 年，王延华经人介绍认识了万家村由秀芬。由秀芬早年嫁到毕家，后来丈夫因病去世，留下一个七岁的儿子毕永利。王延华和由秀芬结婚后的第二年，家里又添了一对双胞胎姐妹。新生命的到来让这个五口之家经济上十分拮据。因为忙于工作，三个孩子一时也照应不过来，在最困难的时候，是万家村的村民按照祖先“积下德行传后世”的祖训，像家人一样照顾王延华一家。

山东省万家村村民王延华说：“这个庄里的人，人心好，不管是谁家有事，庄里乡亲都是互相帮衬。”

由秀芬回忆说：“我印象最深的一次，是我生病的时候，宫外孕那次，做手术了，在周村待了七天。我那两个孩子才一岁多点，那就是全庄的人临时帮我管着，我娘家娘说，这个邻居给孩子送饭来了，那个邻居给孩子送水来了，也有帮忙洗涮的。说你不在家里邻居把你家里照顾得挺好，俺挺受感动的。”

自己家的三个孩子几乎吃遍了全村人做的饭菜，这让王延华觉得正是受到了万家村民的照顾，自己才度过了最艰难的时期。于是，毕氏的家风也通过这种潜移默化的方式传递到了王延华身上，让他觉得，做人就要像毕家人一样，积下德行传后世。

在毕家人的感召下王延华也不计报酬地帮助乡邻，并成为万家村受到大家尊敬的人。今天这三个姓氏重组的家庭早已融入万家村，成为这个大家庭的一员。

毕氏家风“立德树人”的力量虽然无形，但它却对后世子孙有深远的影响。在万家村毕氏宗族历次重修族谱的序言以及人物的自传、小传中能时时看到祖先们对自己的约束以及对子孙的期望，并将家训写入族谱中：“承前谟，不居间、不放债、不攻煤井，愿后世，学吃亏、学认错、学好读书。”

北京大学文化产业研究院研究员王德岩说：“这个家训包括两个方面，第一是对于他们的祖先所传承的这个‘德’的遵守和坚持。第二是对于他们后世子孙的影响。这个谟，实际上是一个规划、谋划的意思。祖先通过他们的行为、通过他们的立言、族规家训，已经给后世树立了一个榜样。那么这种榜样不仅包括了抽象的德，而且包括了很多细节。许多看上去很小的事情，比如说他讲究不牟利，这个不牟利就是说你不做中间人，不从两人中间牟利。然后不居间、然后不攻煤井。因为攻煤井在他们的观念里面是挖地脉的，第一可能会破坏别人家的水源、风水，引起纠纷，所以这种纠纷就可能给家族或者给个人带来伤害。第二个就是，他要把这种风气告诉后人，让这个家族能够在这样一个‘德’的传承中，兴旺发达下去。这 26 字的家训紧紧地围绕着做人的品德问题。

被高挂在毕氏家祠的墙上，时时警醒毕氏子孙，为人行事要立德，并且将这种品德传承给后人，积德行善，这样毕氏家族才能世代兴盛。”

写下“不居间，不放债、不攻煤井”的毕木，是毕氏第七世祖先，他最为人称道的是在自己的花园中修建了一座用于每日自省的“投豆亭”，在这座亭子里他放置了两个瓶和两个盂，两个盂中一个盛黑豆一个盛黄豆。当他有个恶念或者做了一件坏事的时候，就往其中一个瓶里投一颗黑豆，相反，做了好事的时候，就往另一个瓶里投一颗黄豆。他就用这样的方式时时提醒自己要“立德”在前。首先做一个德行高洁的人，然后才能将这种高洁品行传承给后人。不但对自己的品德严格要求，毕木对如何将他的八个儿子培养成德行高尚的人，也是煞费苦心。他创了一本“责善簿”，专门用来记录儿子的言行。

毕木在序言中写道，“古称父为子隐、吾非老悖，欲彰子过，正欲汝曹警惕，勿即匪彝耳”。意思就是，过去人们对待孩子的过错会隐忍不发，不对外谈，但我不是那样，孩子如果有什么过错，我就当面给他指出来。

在序言中，毕木还写道，儿子们可以学业不成，走不上仕途，但只要德行端正，当父亲的就高兴了。在毕木的严格训诫下他的八个儿子出了两位进士、一位举人，且个个都因为具有高尚的品行，受到乡邻的称赞。

虽然有 26 字家训，但如何能够让毕氏的“德”传承给后世呢！毕氏先祖知道家族美德的传承除了需要有家训家规，重要的是需要一种仪式，一些规矩。子孙们在遵循这些仪式和规矩的时候潜移默化地完成家族德行的传递。这样的仪式和规矩，对于家族有很重要的象征和暗示的意义。而把这样的一种传承放在日常生活中就更是力量。

在万家村毕氏家族中有一个传承了上百年的规矩，就是孩子在成年后赚到的第一笔钱要为父母做一身新衣服，以示自己成年，并感谢父母的养育之恩，立志传承家族的美德。这个传统被称为制衣礼。

一大早，山东省万家村毕氏第 20 代毕于睦就来到母亲的房间为母亲洗脸更衣，因为今天他的儿子毕文浩就要回家完成自己的制衣礼了。

40 多年前，毕于睦在刚刚开始劳动赚钱的时候，也用自己的第一个月收入给父母置办了一套红色的大褂儿。时光久远新衣服早已破旧被淘汰，但穿上孩子置办新衣时的快乐却一直留在毕于睦母亲的记忆里。

记者问：“大叔给你置办那身新衣服的时候高不高兴？”毕于睦母亲回答：“高兴，

穿上觉得挺高兴，挺好！那几年捞不着穿这个衣裳啊！”

记者问：“当时你怎么想的要给爸爸妈妈置办这身衣服呢？”

毕于睦回答：“因为祖宗有个传统，就是你挣了第一笔钱都要拿来给老的做衣服。因为什么呢！制衣礼嘛。那个时候我一天才挣 4 毛钱，一个月下来才 12 块钱，给老人置办衣服钱不够，我又借上了 8 块钱，做涤卡的。在那个时候涤卡衣服就是很流行的啦。因为啥呢！以前穿的是粗布衣裳，可你穿上了涤卡的，要是出去人人都说你这衣服太贵啦。”

毕于睦的父亲以无私助人闻名，而毕于睦本人则特别孝顺，制衣礼表面看是给父母做件新衣服，其实它是一种衣钵传递的概念。就是要子孙们通过传承制衣礼这种规矩，来传递先辈的高尚德行。

临近中午，毕文浩拿着为父亲专门定做的西装回到万家村。今天他就要给父亲穿上，完成他的制衣礼。

毕文浩问：“婶，我爸呢？”

“于睦，文浩回来了。”于睦回答：“回来了？”

“真好看！”文浩婶子说，“给你爸穿上看合不合适，你看文浩想的多周到，没白疼这孩子。穿上挺合适，也挺好。”

爷爷和父亲平日的高尚德行也在潜移默化地影响着毕文浩。代代相传的制衣礼正是毕氏先祖传承家族德行的最好载体。

毕文浩在研究生毕业的时候，本来有机会在广州或者海口医院工作，但孝乃德之本，为了照顾父母和奶奶，他最后选择了回到周村。

毕于睦说：“文浩三年研究生毕业，按道理来说应该留在南方，因为他当时是广州医学院研究生。”

山东省万家村毕氏第 21 代毕文浩：经过我再三地考虑，觉得工作没了可以再找，但是父母只有一个，我觉得我还是应该再回到父母的身边。

记者问：“其实文浩是放弃了自己的专业。”

于睦答：“对。”

文浩讲：“因为我一开始学的是肾移植。”

于睦讲：“他一开始学的是肾移植。”

文浩讲：“肾移植只能在大的城市、三甲医院才有用，这里没有用。相当于我回来之后一切从头开始。”

记者问：“你后悔吗？”

文浩答：“没有。”

记者问：“爸爸呢？”

于睦答：“我后悔，后悔没有叫他留在广州。但是我现在很高兴。高兴啥呢？他在我身边时常能回家看看，这样对他们也好，对我们年长的也是个慰藉。”

现在文浩只要有时间就会回到万家村做一些家务，陪奶奶父亲聊天。对于文浩来说，家族这棵大树不是积累了金钱和田地，而是积累了高尚的人格和德行。爷爷的无私助人，父亲的孝顺都成为家族大树中最宝贵的财富。

除了制衣礼，在万家村还有很多在生活中细微的规矩。例如在吃饭的时候，一定有一个饭碗比其他的碗都大，这是专门为家里老人准备盛饭的碗，孩子们在给老人盛饭的时候自然就学会尊敬老人。

这些对族众做人、行事，对毕氏家族传承“积下德行传后世”的训诫，起到了非常重要的作用。以至于几百年来社会不断变革，村子的多次变迁，但毕氏家族立德树人的家风，一直被后世子孙认真地践行。

除了为后世子孙订立规矩，传承高尚品性。毕氏的先祖们还在家谱中记载了子孙的言行。通过每一代子孙的高尚情操，教育警示后人。

淄西毕氏第 20 代毕于润：第十一世有个叫毕世济的，四岁时，他的奶奶给他樱桃吃，大的他不吃，只吃小的。他的祖母问之，他说美者予与诸兄。这是一种仁让，一种敬兄的意思。这个故事到现在我们都作为美谈。

这些发生在各个先祖身上的关于德行的故事记录在族谱中，流传在毕氏历代子孙的心里。它告诉后世的子孙，我们应该如何做，才能成为一个道德高尚的人。除了表彰历代品格优秀的人，毕氏族谱还记录了族中一些不光彩的事情。有的“素行不善，不得其死”，就是他平时做事对人太苛刻，后来死得不光彩。有的“炭井相争，死于非命”，就是不顾祖先立下的家训。下煤井跟人起了争执，最后被人打死了，这样的例子都被记录在家谱中。

王德岩：在族谱里面，把家族的人做的坏事、恶事和恶果都记载下来是比较少见的，但是它传给了这个家族一个特别明晰的信息，就是让后人去修身立命。因为一个人的修德无非是两个方面，一个是善行，一个是去恶。不断通过善事来提升自己，不断地去掉身上的缺点毛病，丢掉或者可能所做的坏事，那么一个人的品德就会臻于至善。

对于历代纂修族谱的先辈们来说，记录恶行恶果也是毕氏家族“积下德行传后世”的一种方式。正是这些记录使得毕氏的后人不再需要为这些错误来付出代价承担后果。因为他们通过自己的祖先已经得到警示，从而不断地去向上，让自己的人格德行日趋完善。

当然，想要用德行去荫庇后人，者先要自己做到“立德”。已经在村里当了三十几年村支书的毕伶德，从 2003 年开始，在自己的卧室里置办了这样一张用来效仿七世祖毕木投豆的桌子。从每年的 1 月 1 日开始，做一件好事往瓶里投颗黄豆，做一件不好的事往另一个瓶里投一颗黑豆，一年做一次总结。

记者问：“这就是您今年投的黄豆？”

毕伶德答：“是。”

记者说：“我晃一下，听起来还挺多的。”

毕伶德答：“黄豆的事情就不要提了，凡是村民找到我，我能办的事情我都办。”

记者说：“不是您分内的事您也办。”

毕伶德答：“外村的人找我，我也根据情况尽量而为。”

毕伶德是王村镇做好事最多的人之一，除了做好自己的工作他还常常去帮助村里的空巢老人。而他自己“投豆”的传统延读了好几代。他的父亲曾经担任乡长。在 20 世记 60 年代之前，也一直坚持自己投豆，用来反省平日的作为。毕伶德认为传承毕氏的家风、家教，除了牢记 26 字家训，遵循祖先传下的规矩，最重要的是从自身做起，严于自律，使自身具有高尚德行。

记者问：“这个瓶子里头装的就是黑豆了？”

毕伶德答：“对。”

记者问：“有几颗黑豆呀？”

毕伶德答：“有 4 颗黑豆，我天天在反省自身，我知道有 4 颗黑豆。”

记者说：“就是每天晚上都要把它倒出来。”

毕伶德答：“这 4 个黑豆其中一个是我在大哥家商量怎样伺候老人的问题，没有达成共识，我发了脾气，批评了小弟一顿。我回家之后很后悔觉得不应该，是自己的错，回家投了颗黑豆。”

坚持投豆，毕伶德发现十几年来自己的黑豆越来越少，黄豆越来越多。黄豆黑豆已经成为毕伶德心中的一把道德的标杆，时时地提醒他，如何为人、如何做事、如何立德。1987 年，毕伶德的父亲在辞世之前留下遗言，嘱咐毕伶德重建投豆亭。经过毕伶德努力，2008 年，在村里的荷花池上新的投豆亭修建起来。亭子里虽然没有用于投豆的瓶了，但看见投豆亭三个字，听着投豆亭故事长大的万家村村民们，就会想起祖先关于“积下德行传后世”的训导。

在毕氏宗祠里还悬挂着毕氏辈字，这 32 辈字中，关于家风的训导也在其中。今天在万家村一共生活着八个辈分的村民，其中男性最大辈分为承字辈。接下来则是“先、德、于、耜、研、经”这六个辈分，“远承先德、于耜研经”意思是要秉承祖先的训诫，立足于最基本的耕读传统。再往下就是“洁白家第”等 16 辈分，就是在耕读传家的古训下造就毕氏后裔品质高洁，永远传承立德树人的家风。

◉ 主要参考文献

汤纲、南炳文著：《明史》，上海人民出版社，2003 年。

济南市史志办公室编：《济南府志》，中华书局，2003 年。

〔明〕毕木：《黄发翁集》，明万历二十二年（1594）。

〔明〕毕木：《淄川毕氏世谱》，创修于明万历十三年（1585）。

〔明〕毕自严：《石隐园藏稿》，蒲泽校注，中国文联出版社，2010 年。

〔清〕蒲松龄：《聊斋志异》（二十四卷抄本），齐鲁书社，1981 年。

〔清〕毕际竑：《讷庵痴说》（手抄本）。

〔清〕毕际有：《毕氏通谱宗支》。

李国经选注：《周村历代诗选》，青海人民出版社，2004 年。

孙方之著：《蒲学圣地西铺》，中国文史出版社，2003 年。

郑峰主编：《淄博历史人物》，新世界出版社，2006 年。

孙方之主编：《彭家庄志》，中国文史出版社，2008 年。

毕义星、毕红星、毕江军著：《毕氏进士》，山东人民出版社，2013 年。

毕义星等编著：《毕氏溯源》，中国文史出版社，2014 年。

毕义星等编著：《毕氏艺文》，中国文史出版社，2014 年。

毕义星等编著：《毕氏文献》，中国文史出版社，2014 年。

山东省淄博市周村区王村镇李家疃村志编纂委员会编：《中国名村志丛书 · 李家疃村志》，方志出版社，2017 年。

山东省淄博市周村区王村镇志编纂委员会编：《中国名镇志丛书 · 王村镇志》，方志出版社，2018 年。

◉ 编纂始末

《中国名村志丛书·万家村志》(以下简称《万家村志》)的编纂始于2018年5月。淄博市地方史志办公室主任毕建国、副主任徐杰、史志科科长郭延志、周村区地方史志办公室主任仇勃、周村区政府领导、王村镇政府领导孙娜等于5月上旬在万家村召开座谈会，研究设计《万家村志》篇目。5月12日成立编委会，村党支部书记、村委会主任毕伶德任主任，村两委委员毕于琦任副主任。5月13日组织编辑班子，毕坤德任主编，毕德祥、毕于琦、毕耜宝、毕敬德、毕于润、毕德会为编辑人员。对《万家村志》篇目进行切磋、修改后，上报周村区地方史志办公室、淄博市地方史志办公室审定，5月20日开始编写。

《万家村志》的编写工作严格按照中国名村志丛书的规范、体例，坚持辩证唯物主义和历史唯物主义观点，优秀的传统文化与新时代先进文化相融合，突出“名”与“特”的原则进行构思、行文。

《万家村志》设立德树人万家村、基本村情、古庄遗韵、保护开发、毕氏家族、风土民情、村民生活、艺文杂记、名人与名村、大事纪略、附录11个类目，书末有编纂始末。其11个类目由主编和编纂人员分工撰稿。

为客观反映万家村历史概况和深厚的文化底蕴，编纂人员坚持实事求是、春秋笔法，摒弃主观臆断。对湮没已久，把握不准，历史人物、历史事件记载比较纷乱的各类资料，进行甄别、筛选，并深入民间，寻访耆老，予以考证。同时，参考《石隐园藏稿》《明史》《淄博市志》《济南府志》《淄川县志》《淄川毕氏世谱》《毕氏溯源》《毕氏艺文》《毕氏进士》《聊斋志异》《蒲学圣地西铺》《周村区志》等书目。查阅万家村档案，咨询孟氏、谭氏、王氏、刘氏世系。在语言表述方面，力求做到文笔流畅，言简意赅，通俗易懂，尽量避免遣词艰涩孤僻。全方位向世人展现万家村500余年的人文风貌。

《万家村志》于2018年9月写出初稿，经主编审阅、修改后，送淄博市地方史志办公室副主任徐杰审阅。10月7日反馈修改意见后，编纂人员调整了篇目结构，对立德树人万家村、村民生活、保护开发、古庄遗韵、艺文杂记等类目内容进行修改、补充。10月22—23日，毕德祥参加了在青州举办的山东省名镇名村志编修培训班后，结合培训要点对《万家村志》第二稿再次修改，于12月10日送淄博市地方史志办公室审阅，12月20日反馈修改意见。编纂人员再次调整篇目结构，补充修改。同时，对照片的位置、数量、文字说明进行调整与补充。12月25日，淄博市地方史志办公室主任毕建国、副主任徐杰、史志科科长郭延志，周村区地方史志办公室主任仇勃在王村镇政府对《万家村志》第三稿进行评审，提出宝贵修改意见。编纂人员对志稿中存在的病句、错字、繁体字、标点符号、纪年换算及部分内容反复进行修改、完善。由毕坤德、毕德祥、毕耜宝再次统稿后，于2019年3月12日，将第四稿电子版编辑样书，送山东省地方史志办公室终审。4月2—3日，淄博市地方史志办公室副主任徐杰、周村区地方史志办公室主任仇勃带领毕伶德、毕坤德、毕耜宝赴省城济南参加中国名村志志稿终审会。会议第一天晚上，根据郭能勇、蒋慧二位专家对《万家村志》送审稿的评审意见，淄博市地方史志办公室副主任徐杰、周村区地方史志办公室主任仇勃帮助制定了修改方案。会议结束后，编纂人员夜以继日，对部分篇目内容进行增补、调整、修改。对所配图片进行重拍、精选、定位、增补，力求使《万家村志》图文并茂，相得益彰。2019年4月13日，将第五次修改后的终审稿再次送专家郭能勇审阅。4月17日根据郭能勇提出的修改意见，再行修改，重新撰写编纂始末。4月下旬，将终审稿送中国名村志丛书编纂委员会办公室审阅，5月10日反馈修改意见。编纂人员对姓氏家族、基本村情、村务管理、村民生活四个类目内容作较大调整，并对其他类目再行修改、完善。6月3日送审，7月3日，收到中国地方志指导小组的审稿意见，8月24日收到方志出版社编辑的修改意见，编纂人员、中共淄博市委党史研究院（市地方史志研究院）副院长徐杰、专家郭能勇再次对《万家村志》的篇目、内容进行修改完善。9月4日，志稿纸质版、电子版各一份寄方志出版社。10月14日，收到方志出版社编辑的修改意见，对“人物”中的半文半白文字修改为现代语体文，对“文明新风”中的条目记述形式做了修改。

《万家村志》的编纂得到中共山东省委党史研究院（省地方史志研究院）、中共淄博市委党史研究院（市地方史志研究院）、周村区党史与地方史志研究中心和王村镇党委、政府领导的关怀。在编纂过程中，中共淄博市委党史研究院院长许艳萍、淄博市地方史志办公室主任毕建国宏观调度，徐杰、郭延志对志稿予以审阅，提出许多宝贵修改意见。周村区党史与地方史志研究中心主任仇勃督促志书进度，为《万家村志》联系文印单位编印样书，并提出诸多建议，毕淑德提供部分历史资料。万家村委网格员毕红叶任劳任怨打印校对志稿，毕于琦、王荣亨、李景花为《万家村志》拍摄照片，在此一并表示感谢。

经过编纂人员一年多的辛劳，《万家村志》几易其稿，但由于资料、时间和水平所限，万家村历史上诸多大事的来龙去脉、历史人物的生平事迹等，难免出现错讹和遗漏，敬祈专家和广大读者批评指正。

编　者

2019 年 9 月